I0001326

ADAM SMITH

 Remplacement de

8 R 8660 (15)

ACQUISITION
Nᵒ 69 7808

PETITE BIBLIOTHÈQUE ÉCONOMIQUE
FRANÇAISE ET ÉTRANGÈRE

Publiée sous la direction de M. Jh CHAILLEY

VOLUMES PARUS :

Vauban, par M. G. MICHEL.
Bentham, par Mlle S. RAFFALOVICH.
David Hume, par M. LÉON SAY.
J.-B. Say, par M. BAUDRILLART.

EN PRÉPARATION :

Cavour, par M. LUZZATTI.
Michel Chevalier, par M. P. LEROY-BEAULIEU.
Fourier, par M. Ch. GIDE.
Wolowski, par M. E. LEVASSEUR.
John Stuart Mill, par M. Léon ROQUET.
Quesnay, par M. Yves GUYOT.
Sully, par M. Joseph CHAILLEY.
Hte Passy, par M. Louis PASSY.
Schulze-Delitzsch, par M. Ar. RAFFALOVICH.

1011-88. — Corbeil. Imprimerie Crété.

BIBLIOTH
R.F
NATIONALE

COURCELLE-SENEUIL

ADAM SMITH

RICHESSE DES NATIONS

PARIS. — GUILLAUMIN et Cie, 14, rue Richelieu

PRÉFACE

Notre petit volume est composé d'extraits empruntés aux *Recherches* et choisis dans la partie de cet ouvrage qui nous a paru la plus instructive et la plus originale. Nous avons laissé de côté les digressions et quelques chapitres dont la lecture pourrait fatiguer l'attention du lecteur. Nous nous sommes borné quelquefois à citer des fragments intéressants. Si nous n'avons presque rien emprunté à la dernière partie de l'ouvrage relative à l'examen des systèmes d'économie politique et des théories fiscales, c'est parce que cette partie du livre a triomphé définitivement dans l'opinion de tous les hommes éclairés des théories et des pratiques blâmées par l'auteur. Les idées qu'Adam Smith a victorieusement combattues n'ont plus cours que chez les hommes sans culture et ne sont guère défendues que par les personnes qu'inspire l'intérêt privé. Notre publication ne saurait convaincre ni les uns ni les autres.

Nous avons pris pour texte la traduction de Germain Garnier, qui a servi à la publication de plusieurs éditions des *Recherches*, en ayant soin d'en écarter toutes les notes dont on l'a chargée. Nous n'avons voulu présenter au lecteur que le texte d'Adam Smith.

Quant au plan de l'ouvrage, il nous a semblé inutile de l'exposer après l'auteur. Nous avons préféré publier simplement la table des matières telle qu'elle a été rédigée par Joseph Garnier.

NOTICE

SUR LA VIE ET L'ŒUVRE D'ADAM SMITH.

———

La biographie d'Adam Smith est courte. Fils posthume d'un contrôleur des douanes, il naquit à Kirkaluy en Écosse, le 5 juin 1723, fut élevé par sa mère et destiné à l'état ecclésiastique, dans lequel il refusa de s'engager. Il enseigna les belles-lettres et la rhétorique à Edinbourg, puis la logique et la philosophie morale à Glasgow. En 1759, à trente-six ans, il publia la *Théorie des sentiments moraux* dont le grand succès le fit choisir pour conduire sur le continent le jeune duc de Buccleugh. Après un voyage de trois ans environ, il arrivait à Londres en octobre 1766, passait dix ans dans la retraite à Kirkaldy et publiait en 1776, à cinquante-trois ans, ses *Recherches sur la nature et les causes de la richesse des nations*. Ensuite il entrait dans l'administration des douanes, et mourait en 1790, âgé de soixante-sept ans.

Cet homme, dont la biographie est si courte, la vie si calme, qui n'eut ni passions, ni roman, ni fortune, ni héritiers, a cependant laissé une trace profonde dans l'histoire du genre humain, grâce à l'activité féconde et bienfaisante de sa pensée. Ce n'est pas dans la biographie de l'homme privé qu'il faut étudier Adam Smith, c'est dans ses travaux intellectuels, notamment dans ses deux grands ouvrages et surtout dans le dernier.

Remarquons d'abord le caractère encyclopédique des études, des goûts et de la pensée d'Ad. Smith. Dès l'enfance il se distingue par une admirable mémoire et par le goût de la lecture. Il étudie les mathématiques, les lettres anciennes, la rhétorique, la théologie, la logique, le droit, l'histoire, la philosophie, la morale et songe à écrire l'histoire de la civilisation. Prend-il une chaire, son enseignement déborde et captive les auditeurs par l'originalité de sa pensée. Toujours heureux, il obtint le succès et ce succès complet n'est jamais supérieur au mérite du professeur et de l'écrivain.

Celui-ci est merveilleusement servi par le milieu social. Loin d'être isolé, il travaille en plein courant et trouve ainsi partout des collaborateurs. Sa pensée est celle de son temps : chercher dans l'observation scientifique les règles du droit, de la morale, de la politique, les principes de la civilisation.

Il n'y a pas lieu d'insister ici sur le premier

grand travail d'Adam Smith, la *Théorie des sentiments moraux*. Il a été peut-être loué et critiqué outre mesure. Son originalité et son mérite consistent en ceci surtout que c'est, à notre connaissance, la première tentative ayant pour but de fonder la morale sur une observation méthodique et scientifique, *a posteriori*, des instincts humains, en dehors de toute conception religieuse et métaphysique. Que l'auteur n'ait pas réussi pleinement dans cette tentative, il ne faut pas s'en étonner. Nous savons assez aujourd'hui que c'est par les tâtonnements successifs d'un assez grand nombre de collaborateurs qu'on peut, sinon atteindre le but, au moins en approcher. Au temps d'Adam Smith, la tentative de fonder la morale sur l'observation scientifique était très hardie, et aujourd'hui même un grand nombre de nos contemporains n'admettent pas qu'elle puisse réussir.

C'était sous l'empire de la même pensée ou plutôt du même sentiment qu'Adam Smith concevait et écrivait ses *Recherches sur la nature et les causes de la richesse des nations*. Le sujet semblait plus restreint, mais au fond c'était toujours le même, considéré dans une de ses parties. Au lieu de porter le regard sur l'ensemble de l'activité humaine, le penseur n'en étudiait qu'une branche, l'activité industrielle et commerciale.

Dans ce nouveau champ d'investigations, il rencontrait plus de collaborateurs et d'émules que dans le premier. Déjà les discussions sur la formation et la distribution des richesses retentissaient dans toute l'Europe et occupaient les penseurs. Les économistes français tenaient le premier rang et se vantaient même d'être en possession de la vérité, pendant qu'Adam Smith élaborait son grand ouvrage avec une ardeur patiente. Leurs travaux étaient son point de départ : il les étudiait avec soin, les critiquait et les surpassait par des études plus larges qui donnaient à l'économie politique une forme nouvelle et beaucoup plus compréhensive.

Le succès des *Recherches* fut immense et durable, à ce point qu'on a pu dire sans trop d'exagération que ce livre marquait une époque dans l'histoire de la civilisation. En réalité, son éclat avait jeté dans l'ombre tous les travaux antérieurs sur le même sujet, tellement qu'on a qualifié l'auteur de « père de l'économie politique. » Ses prédécesseurs sont tombés dans l'oubli, et lorsqu'on a voulu donner à l'exposition de la science une forme didactique, on a adopté et conservé les formules d'Adam Smith, même après qu'elles avaient été modifiées, rectifiées et remplacées par les travaux des économistes postérieurs.

Cette superstition dont les *Recherches* ont été l'objet pendant trois quarts de siècle au moins a été quelque peu nuisible à la science. A mesure que les commentateurs multipliaient les réserves, les restrictions, les rectifications et observations de toute sorte, l'exposition devenait moins claire : c'était comme un koran noyé dans une multitude de commentaires, œuvre d'esprits très inégalement élevés et cultivés. C'est ainsi qu'un livre de la plus haute valeur a été pendant un temps un obstacle à l'enseignement de la science dont il avait hâté les progrès.

Il n'y avait là ni faute de l'auteur, ni faute de l'ouvrage. Le mal tenait à l'idée fausse que des esprits médiocres ou trop peu cultivés se faisaient de la science, en la personnifiant en quelque sorte. La science, quelle qu'elle soit, ne se personnifie point, et il n'y a ni sacrilège ni même injustice à critiquer et rectifier au besoin les formules de ses plus illustres serviteurs, ni à relever en termes formels les erreurs qu'ils peuvent avoir commises. Mais à mesure que les rectifications se multiplient, il devient nécessaire de substituer aux premières nomenclatures des nomenclatures nouvelles, travail considérable, pénible, ingrat, presque toujours contesté ou négligé, ou mal compris, mais utile et propre entre tous à favoriser les progrès des sciences, particulièrement des sciences sociales. C'était le travail qu'avait fait Adam Smith en substituant des formules nouvelles à celles de nos physiocrates. Nous reviendrons bientôt sur cette partie de son œuvre.

Ici nous devons toucher une question peu importante et mal posée, mais qui a été soulevée

plus d'une fois, celle de savoir si le livre des
Recherches était original, s'il ne devait pas beaucoup, soit à Stewart, soit aux physiocrates, s'il
n'était pas jusqu'à un certain point un plagiat.

Cette question atteste que ceux qui la posent
ou n'ont pas lu les livres dont il s'agit, ou n'ont
aucune connaissance des conditions du travail
scientifique. L'ouvrage de Stewart, très médio-
crement pensé et mal écrit, est un des moins
suggestifs qui existent; ceux des physiocrates,
quoique pour la plupart médiocres de forme,
ont une tout autre originalité, et il est incontestable qu'Adam Smith a connu les livres et
causé avec leurs auteurs. Il a travaillé sur le
même fond d'idées, mais à un point de vue
qui lui était propre : la délimitation du sujet et
l'ordonnance de son livre lui appartiennent, et
son ouvrage est rempli de formules et d'aper-
çus qui constituent de véritables découvertes.
Nous ne connaissons pas de livre de ce genre
qui soit plus original et même plus personnel
que le sien.

Sans doute il a causé et discuté peut-être
avec Stewart, Quesnay, Turgot, Mercier de La-
rivière ou Dupont de Nemours et il a profité de
leurs conversations, de leurs idées, de leurs travaux; mais il y a ajouté son travail propre et
donné à la science une nouvelle forme très différente de la première; il a conservé leurs découvertes, et rectifié leurs erreurs autant qu'il l'a
pu, sans pour cela réussir à donner à la science

une forme définitive. De nombreux penseurs ont travaillé sur son livre comme il avait travaillé lui-même sur ceux de Stewart ou des physiocrates. Il ne mérite donc à aucun degré l'accusation de plagiat, que personne n'a songé à élever contre les économistes qui l'ont suivi et qui ont plus ou moins ajouté aux résultats obtenus par lui.

Un livre de la nature des *Recherches* ne s'improvise pas et ne naît pas spontanément à un jour donné de l'imagination de son auteur. C'est le résultat d'une élaboration lente dont le commencement est obscur et le développement capricieux, qui agit sur une masse considérable de matériaux, faits, discours, conversations, observations personnelles, sur lesquels l'auteur établit des réflexions, des comparaisons, et conclut enfin, lorsqu'il en est capable, par donner à sa pensée une ordonnance et une expression, une forme en un mot. C'est ainsi qu'Adam Smith a tiré son œuvre de ses lectures, de ses conversations, non seulement avec les économistes et les philosophes, mais avec les marchands, les gens de métier, apprenant de chacun d'eux quelque chose et faisant la grande œuvre qui porte son nom et qui lui appartient bien en propre.

On pourrait peut-être reprocher à Adam Smith de n'avoir, dans les pages qu'il a données aux physiocrates, considéré que le côté faible de leur œuvre et d'avoir, comme le vul-

gaire, signalé avec trop de soin leur emphase
et ces expressions ridicules qui avaient fait
craindre à Turgot lui-même d'être pris pour l'un
d'eux. Mais, quant au premier point, il est certain qu'Adam Smith, placé en face d'une école
accréditée qui professait des erreurs évidentes,
a dû être frappé surtout de ces erreurs et les
signaler. Dans son temps d'ailleurs, on comprenait moins qu'aujourd'hui que toute science est
une œuvre collective d'une durée très longue,
dans laquelle les travaux de chaque ouvrier
occupent assez peu de place, et dont personne
ne peut se flatter d'avoir dit le dernier mot. Au
siècle dernier on aspirait encore à la science
finie, et nous sommes porté à croire que cette
aspiration ne fut pas étrangère à Smith, lorsque
nous considérons le soin avec lequel il veilla à
la destruction de ses manuscrits, de ses œuvres
imparfaites.

Dans les recherches relatives aux sciences sociales, l'originalité consiste moins à découvrir
des phénomènes nouveaux, chose à peu près
impossible, ou à faire des observations qui
n'aient jamais été faites qu'à déduire des observations anciennes ou nouvelles les conséquences qu'elles comportent légitimement. Nous
trouvons une preuve de cette assertion dans le
livre même d'Adam Smith. S'il est un phénomène dont on puisse à bon droit lui attribuer
la découverte, c'est celui qu'il a lui-même dé-
signé sous le nom de « division du travail »,

et dont il place la description en tête de son
œuvre. Eh bien! ce phénomène avait été vu
assez clairement par les physiocrates, par Turgot, notamment, mais par le côté négatif seulement. Ils avaient montré qu'une société s'ap-
pauvrirait, si elle réduisait la division du travail
qui existe entre ses membres. Était-ce voir que
la division du travail est une cause d'accroissement de richesse? Oui et non ; mais à coup
sûr ils n'avaient pas montré cette vérité dans
son éclat, comme la montra Adam Smith.

Bien d'autres avaient vu avant ce penseur et
avant les physiocrates les effets de la division
du travail, mais personne ne les avait indiqués
aussi clairement et aussi simplement que Platon. Qu'on lise ou qu'on relise le second livre
de sa *République*, et on y trouvera les principales considérations qui ont si justement frappé
l'intelligence d'Adam Smith. Comme celui-ci,
Platon voit dans la division du travail un moyen
d'augmentation de richesse, et le lien qui rattache les hommes les uns aux autres, qui établit
et conserve la société civile. Est-ce à dire qu'A-
dam Smith ait copié Platon? Non assurément.
A-t-il été inspiré par la lecture de Platon? Rien
n'est moins certain, ni même moins probable.
En tous cas, l'enseignement qui ressort des deux
livres est tout à fait différent. Platon conclut à
fonder la division du travail sur un régime de
castes, voulant ainsi établir cette division par
un acte législatif. Smith, au contraire, voit dans

cette division un lien naturel qui rattache ensemble tous les hommes, à quelque race et à
quelque nation qu'ils appartiennent, quelque
soit le climat sous lequel ils habitent et le gouvernement sous lequel ils vivent : il conclut,
comme les physiocrates, au *laisser faire*. Il a
inventé et donné aux hommes un enseignement
d'une utilité incomparable.

A-t-il fait œuvre définitive ? Ses contemporains l'ont cru et il a pu le croire lui-même. Cependant quelques penseurs relativement obscurs
sont venus sur ses traces étudier la division du
travail et relever des avantages qu'il avait
omis, glaner après la moisson en quelque sorte.
L'un de ces glaneurs reprend l'étude entière du
sujet, le creuse et constate qu'Adam Smith n'a
vu qu'un côté des choses, que les hommes ne
divisent pas le travail pour le diviser, que souvent, au lieu de partager les professions, ils se
réunissent par des arrangements particuliers,
qu'il faut, par conséquent, dire *coopération* là
où Adam Smith avait dit « division du travail ». Non seulement ce glaneur, M. Wackefield, établit sa rectification par des arguments
incontestables, mais il en tire une théorie de la
colonisation qu'il a le bonheur d'appliquer et
dont il fait une démonstration expérimentale.
Est-ce là une réfutation d'Adam Smith? Non,
c'est une rectification féconde, et on peut dire
une suite, un admirable résultat de ses travaux.

En conservant ainsi dans leur cadre, qui est

l'histoire de la science, les travaux d'Adam Smith, nous n'ôtons rien à la gloire de ce grand penseur. Mais nous devons, pour être juste, ne pas oublier ses prédécesseurs, les physiocrates, qui, les premiers, avaient vu l'économie politique comme une science nouvelle à élever en appliquant à l'étude des phénomènes sociaux la méthode et les procédés employés avec succès dans les sciences mathématiques et naturelles. Cette science embrassait, dans leur pensée, toute l'activité humaine et devait éclairer tous les arts sociaux. Les travaux entrepris par eux pour la formuler furent imparfaits, hâtifs, peu liés ensemble : on voulait conclure et on courait aux conclusions avec précipitation : on n'en faisait pas moins dans l'étude des phénomènes commerciaux des découvertes importantes ; ils voyaient très distinctement l'unité du genre humain et un droit nouveau. Ces services ne peuvent être méconnus et nous font considérer Adam Smith, non comme le père de l'économie politique, mais comme le continuateur des physiocrates, qui les a surpassés sans effacer leurs travaux.

Lorsque l'on compare le sort de l'économie politique en France et en Angleterre, on est frappé d'un étrange contraste. En France, on débute par un grand succès. On a trouvé la conclusion de cette philosophie aux travaux de laquelle l'Europe entière était attentive. On forme, à côté de la cour, qui est tout le pays,

un groupe d'hommes distingués par leur position sociale, leur intelligence, leur caractère et
liés ensemble par des doctrines communes, entre
lesquels s'élève un homme de génie, Turgot; et
l'école avait à peine vingt ans d'existence lorsque
cet homme était appelé à diriger le gouvernement, un gouvernement absolu en théorie et en
apparence. Là fut l'écueil. L'école était à peine
formée : son personnel ne constituait qu'une
coterie assez obscure, et elle prétendait défendre
l'intérêt public du roi et de l'État contre tous
les intérêts privés des courtisans, des trai-
tants, des cours souveraines, des corporations
investies de monopoles industriels. La dispro-
portion des forces était trop considérable dans
un pays où les intérêts privés ont la parole haute,
tandis que les hommes qui sentent l'intérêt public osent à peine penser. L'avènement des économistes au pouvoir n'eut d'autre résultat que
de les faire détester et combattre comme un
parti politique opposé à toutes les influen-
ces régnantes. Ils furent vaincus presque sans
combat : l'opinion les abandonna et ils s'effa-
cèrent. On ne vit plus en eux que des particuliers estimables, animés de bonnes intentions,
mais incapables de les mettre à exécution.
Les premiers d'entre eux moururent et ne furent
pas remplacés.

Cependant, lorsque la Révolution survint, leurs
idées étaient loin d'être effacées : elles régnaient
plus ou moins dans un certain nombre d'esprits

d'élite sous la protection de la grande mémoire
de Turgot. On les vit éclater dans la première
déclaration des droits et dans quelques lois fon-
damentales. Mais ces idées, que l'étude n'avait
pas complétées et mûries, se trouvaient mêlées
à des idées contraires, d'une tout autre origine, et aucun homme ne se rencontra qui eût
une autorité suffisante pour les formuler nette-
ment et les dégager. C'est ainsi que les hommes
de la Révolution, animés d'idées contradictoires,
furent le jouet des événements dont ils n'avaient
pas su prendre la direction. Ils avaient voulu
concilier Turgot et J. J. Rousseau, le pour et le
contre : c'était l'impossible. Ils échouèrent, et
leurs successeurs se débattent encore à l'heure
présente dans les mêmes difficultés; ils vantent
l'égalité devant la loi et inclinent vers l'égalité
des conditions.

C'est dire assez que les économistes français
ont échoué. Lorsque, après la première tempête,
leurs compatriotes se sont timidement aventurés
à penser, les travaux des physiocrates étaient
oubliés à ce point que l'économie politique se
présentait comme une importation de l'étranger,
sous le nom d'Adam Smith!

Le sort de la science avait été tout différent en
Angleterre. Là elle avait débuté par un livre
d'un grand éclat et très estimé, les *Recherches*.
Mais l'auteur occupait dans la société un rang
obscur et son caractère était modeste. Le livre se
présentait seul, loin de la politique, sans l'appui

d'aucun parti, d'aucune coterie : il pouvait donc
cheminer sans rencontrer sur son passage les
clameurs hostiles et implacables d'intérêts privés menacés. Il put pénétrer lentement les esprits cultivés, jusqu'au moment où un grand
homme d'État, sir Robert Peel, inspiré par un
grand apôtre, Cobden, en fit pénétrer dans la
politique quelques doctrines seulement, celles
relatives à la liberté des échanges. Ce triomphe
était obtenu par la discussion publique, grâce
aux institutions libres, et le peuple qui avait ac-
cepté ces doctrines a réussi à les maintenir jusqu'à ce jour contre l'énorme réaction amenée
dans le monde entier par l'élévation rapide des
classes de la société les moins éclairées.

Il est vrai que le succès des idées libérales en
Angleterre et la vigueur de leur résistance tient
aussi beaucoup à ce que les Anglais sont en
possession du commerce international, et que
les intérêts de ce commerce sont étroitement liés
à la liberté. Mais le succès obtenu, tel quel, est
dû pour une très grande partie à l'œuvre d'Adam
Smith, qui avait déjà fait disparaître les primes,
les restitutions de droits, le système colonial et
une multitude de combinaisons absurdes con-
damnées par les hommes éclairés de tous les pays.

Le livre d'Adam Smith a continué les travaux
des physiocrates en y ajoutant beaucoup, et
comme ces travaux n'étaient concentrés dans
aucun ouvrage d'ensemble, ils ne sont arrivés
devant le grand public que par la publication

des *Recherches.* C'est à dater de cette publication
que tous les hommes éclairés ont eu sur la société humaine des idées et des sentiments que
leurs devanciers ne connaissaient point. Ce livre
a été la conclusion et le couronnement de la
philosophie du dix-huitième siècle.

A-t-il été la dernière expression de la pensée
de l'auteur? On pourrait le croire, lorsque l'on
considère qu'il a vécu quatorze ans après cette
publication, occupé par ses fonctions de modeste
employé de douane, sans entretenir le public de
nouvelles études. Cependant il est certain qu'il
avait songé autrefois à des travaux plus étendus,
notamment sur le droit, et même à une histoire
de la civilisation. Peut-être, après avoir conçu
l'idée de vastes études sur l'ensemble de l'activité humaine et avoir abordé successivement
deux branches, la morale et l'économie politique, avait-il reconnu que ses forces ne lui per-
mettraient pas d'aller plus loin et qu'après le
grand effort qu'il venait de faire, il fallait prendre du repos.

Adam Smith a laissé dans les souvenirs de
ceux qui l'ont connu une impression profonde.
Ils ont admiré l'étendue de ses connaissances,
la douceur et le charme de sa conversation : il
savait parler et surtout écouter avec modestie
et, ses écrits l'attestent, avec une extrême attention. On a remarqué sa bonhomie et ses dis-
tractions. Dans sa vie privée, comme dans ses
livres, on trouve en lui le penseur.

**

Adam Smith appartenait à cette grande philosophie qui étudia pendant la dernière moitié du xviiie siècle les conditions de la société humaine. Il en a la hauteur de vues, le calme, la sérénité, le caractère bienveillant, l'absence de préjugés professionnels, nationaux, de secte ou de parti. Il fut un des membres illustres de cette grande école britannique dont John Stuart Mill, nous le craignons, a été le dernier représentant.

Il est difficile, lorsqu'on étudie Adam Smith, de ne pas céder à la tentation de le comparer à Turgot. L'un et l'autre ils ont été remarquables par leur grande mémoire, leur passion pour la lecture, leur amour des sciences et des lettres; tous deux ils ont cherché la haute culture intellectuelle, étudiant l'histoire, la philosophie, le droit, l'économie politique; tous deux aussi ils ont étudié la théologie et refusé de s'engager dans les ordres; tous deux ils ont conçu l'idée de l'histoire de la civilisation et possédé à un très haut degré l'esprit d'observation et l'aptitude à rattacher les faits sociaux aux lois qui les régissent: tous deux vécurent en sages, presque exempts de passion dans les « temples sereins » du poète, et moururent avant la vieillesse. Peut-être Turgot eut-il un génie naturel supérieur, une intelligence plus prompte et plus pénétrante, un peu plus de chaleur d'âme; mais les deux intelligences et les deux caractères sont bien de la même nature et de la même trempe.

La différence de leur naissance fit peut-être

la différence de leurs destinées. Turgot gaspilla sa vie dans l'exercice des fonctions publiques, tandis qu'Adam Smith concentrait la sienne dans des études qui ont été plus utiles que tous les travaux administratifs et ont élevé à sa mémoire un monument durable.

II

Occupons-nous maintenant des *Recherches*, considérées par le côté technique, au point de vue de l'enseignement économique dont ce livre a été la base depuis plus de cent ans.

Remarquons d'abord que, dans la pensée de l'auteur, son ouvrage n'avait pas cette destination : il était écrit pour les gens du monde éclairés, nombreux en Europe et en Amérique à l'époque de sa publication. C'est le simple exposé des résultats d'une étude dont l'objet principal est bien déterminé, mais qui n'a rien de didactique ni de rigoureux. On s'en est aperçu lorsqu'il a fallu venir aux définitions, et alors on a blâmé à tort la forme du livre, faute d'en avoir compris le caractère. Adam Smith avait jeté une grande lumière sur une matière très obscure, mais il était encore loin d'avoir pénétré le fond des choses et, à mesure qu'on y a regardé davantage, les formules de son exposition ont vieilli. Essayons de le montrer par quelques exemples.

Nous avons déjà dit que ce qu'il appelle la « division du travail » n'est autre chose qu'un

effet de la coopération du genre humain tout
entier, dans l'espace et dans le temps, et que la
division du travail n'est qu'une forme de coopération.

Adam Smith rattache avec raison la division
du travail à l'échange; mais il semble considérer
l'habitude d'échanger comme une habitude première, un instinct en quelque sorte. L'instinct
primitif n'est pas d'échanger, mais de prendre,
par la violence ou la ruse, s'il se peut, et par
l'échange, si l'échange coûte moins de travail.
L'échange est le résultat d'une combinaison rai-
sonnée; l'instinct primitif est le besoin qui
pousse l'homme vers l'objet dont la possession
peut le satisfaire.

L'échange est un moyen de partage entre les
hommes des richesses produites par leur industrie, et ce moyen de partage n'est pas le seul :
l'autorité en est un autre.

La nécessité et la fécondité du capital ont été
très bien exposées par Adam Smith, et il a montré les phénomènes extérieurs de sa formation.
Mais il n'en a pas vu la source, la cause origi-
nelle. Aussi, lorsqu'il a dû parler du partage des
revenus, n'a-t-il pas essayé de dire pourquoi une
part était attribuée au capitaliste proprement dit
et au propriétaire foncier. Il n'a pas vu davantage
dans le profit de l'entrepreneur la prime pour le
risque encouru par la direction donnée à l'entreprise, le risque de mévente des produits. On peut
dire que s'il comprend dans une certaine mesure

la mobilité de l'industrie, il n'en a pas le sentiment.

Ces critiques semblent subtiles et les lacunes que nous signalons peu importantes. De là vient cependant qu'une partie de l'exposition de Smith est conçue en termes équivoques et dont se sont prévalus à bon droit ceux qui depuis soixante ans ont attaqué la propriété.

C'est à peine si, au temps d'Adam Smith, quelques rares écrivains peu accrédités avaient mis en question l'institution de la propriété privée. Les physiocrates ne l'avaient pas discutée et semblaient supposer qu'elle naissait spontanément de la liberté du travail. L'auteur des *Recherches*, écrivain très circonspect et animé de l'amour des hommes, y avait-il réfléchi? On peut le croire, on peut penser même qu'il a eu des doutes et que s'il ne les a pas exprimés, c'est qu'il a craint de susciter une cause de discorde en posant un problème redoutable dont il ne pouvait donner la solution.

Quoi qu'il en soit, il a énoncé une proposition chère aux socialistes, lorsqu'il a dit que le travail constituait la valeur réelle de toutes les marchandises, sans avoir montré d'autre travail que celui des bras. Dans l'échange courant, cette proposition serait inexacte, même en considérant les travaux de toute sorte. L'échange a lieu « par l'accord de deux volontés », comme l'avait dit Turgot, et toute volonté est mobile, dirigée par des désirs changeants, qui varient de nature et d'intensité d'un instant à l'autre. L'échange est l'accord du besoin *actuel* de ceux qui y concourent, et on pourrait dire à la rigueur que les considérations du travail n'y entrent pour rien.

Mais chacun travaille dans l'espoir d'obtenir une certaine rémunération de son travail, un certain prix. Voilà pourquoi la conception du coût de production, tout abstraite qu'elle soit, n'est pas chimérique. Seulement elle ne s'est dégagée et n'a été définie qu'après Adam Smith. La proposition qui fait du travail la mesure de la valeur est inexacte, et elle serait telle, même dans le cas où il n'y aurait au monde que du travail musculaire, qui coûte plus au paresseux et au faible, tandis qu'il coûte moins à l'homme énergique et fort.

Dans son analyse des éléments du prix des choses, Adam Smith expose comment se perçoivent les loyers, les fermages et l'intérêt, sans qu'on puisse supposer en le lisant que ces revenus rémunèrent un travail continu, indispensable à l'industrie, qu'on peut obtenir de bon gré ou par contrainte, mais qui ne peut être suspendu ni surtout supprimé. Ces rémunérations semblent attribuées à des parasites et sont en l'air en quelque sorte dans son exposition, suivie par la plupart des économistes postérieurs.

Dans le chapitre relatif aux salaires, Smith est allé plus loin. Il a constaté qu'à l'origine, l'ouvrier avait la totalité du produit, que plus tard

il avait dû payer un loyer, un fermage, un profit, et que la part du prix du produit qui lui res-
tait était chaque jour moindre. Après qu'on a dit
que tout ce que les hommes échangent est du
travail, sans avoir dit que tout travail n'est pas
musculaire, dire que la part de l'ouvrier dans le
prix des produits diminue à mesure que l'industrie fait des progrès, n'est-ce pas suggérer que
l'ouvrier est dépouillé? On sait combien de fois
et en quels termes violents les socialistes, s'auto-
risant de l'exposé de l'auteur des *Recherches*, ont
affirmé depuis soixante ans que l'ouvrier était
dépouillé de ce qui lui appartenait.

Les deux assertions d'Adam Smith sont exac-
tes. Malheureusement elles sont incomplètes, et
une assertion incomplète est erronée. En effet
si on prend l'énonciation partielle d'un phénomène comme l'énonciation de tout le phénomène on se trompe. Il est bien vrai que tous les
produits naissent du travail, mais il y a du travail
de plusieurs sortes. Le travail musculaire de
l'ouvrier est appelé et dirigé par celui de l'entrepreneur au moyen des capitaux que crée et conserve le travail d'épargne; tous ceux qui reçoivent une part du prix du produit ont concouru
par un effort à sa production. Il est vrai encore
que dans l'industrie primitive de la cueillette, il
n'y a que du travail musculaire, et que l'ouvrier
prend à bon droit la totalité du produit. Il n'est
pas moins vrai que, dans cet état d'industrie,
l'homme qui a tout le produit est fort exposé

à mourir de faim, même lorsqu'il ajoute à ses travaux la chasse et la pêche et se hourrit des animaux les plus dégoûtants. Mais dès qu'il invente des engins pour augmenter sa puissance productive et obtenir par l'épargne des moyens d'existence plus abondants et mieux assurés, ses semblables viennent dévorer ses provisions et lui enlever ses engins de pêche ou de chasse. Alors il lui faut combattre pour se défendre, et la guerre absorbe une grande partie de son travail. Enfin et probablement après de longs siècles, on aboutit à la création d'un gouvernement chargé de s'opposer par la force aux violences et aux pillages : ce gouvernement doit être payé ; on le paye et la paix entre voisins est établie.

L'ouvrier a-t-il perdu quelque chose à cet établissement ? Non. Il y a gagné, au contraire, de pouvoir consacrer à l'industrie tout le temps qu'il employait à la guerre : sa condition est devenue plus stable et ses ressources plus abondantes. Alors sa famille augmente en nombre, la population se développe et avec elle la division du travail, la coopération, et ainsi de suite jusqu'à nos jours.

Pendant ce long développement de la richesse et de la civilisation, ce n'est pas l'ouvrier primitif qui a été dépouillé : c'est lui, au contraire, qui est devenu avec le temps propriétaire, capitaliste, entrepreneur, laissant dans des emplois inférieurs ceux que les progrès de son industrie lui avaient rendus nécessaires et avaient appelés à l'existence. Avant les progrès de l'industrie, ces collaborateurs inférieurs n'avaient pas de place sur la terre : ils n'auraient pu vivre. Ce n'est pas d'eux qu'on peut dire qu'ils ont été dépouillés. Il est incontestable que, grâce aux progrès de la civilisation, le nombre des hommes est devenu plus grand, beaucoup plus grand qu'à l'origine, et que leur condition est très supérieure à celle des individus qui vivent encore à l'état de peuplades au moyen des industries primitives. Les prélèvements que les socialistes, abusant des expressions d'Adam Smith, présentent comme une diminution du salaire, sont le prix de services rendus qu'un travail plus fécond permet à l'ouvrier d'acheter.

On ne peut certes pas affirmer que les ouvriers d'aujourd'hui descendent de ceux qui sont les derniers venus sur la terre, mais il est plus téméraire encore de les faire descendre de l'ouvrier primitif, du premier chef d'industrie ; car ceux qui ont créé et conservé les capitaux ont évidemment précédé sur la terre ceux auxquels l'existence de ces capitaux a permis de vivre. En fait, des causes qui n'ont rien d'industriel amènent l'extinction d'un très grand nombre de familles riches, tandis que des causes qui, pour la plus grande part, sont industrielles, amènent l'avènement à la richesse d'un très grand nombre de familles pauvres.

Cette discussion, oiseuse d'ailleurs, nous mon-

tre bien le côté faible du début de l'exposition
d'Adam Smith, qui a considéré le salarié abs-
traitement comme un être immortel qu'il considère non d'après sa condition réelle, mais
seulement quant à la quotité qu'il prend dans le
prix du produit. Qu'importe cette quotité, fût-
elle minime, si elle fait à l'ouvrier une condition
supérieure à celle qu'il avait lorsqu'il gardait la
totalité du produit ?

Si ces ouvriers, aidés de machines et bien
conduits, produisent 1,000 et reçoivent 200, leur
condition est meilleure que si, travaillant sans
direction et sans machines, ils produisaient et
gardaient 100.

L'analyse de la discussion entre patrons et
ouvriers pour la fixation des salaires peut donner lieu à la même critique. L'auteur met en
contraste la situation des patrons, qui peuvent
attendre, et celle des ouvriers qui ne le peuvent
pas ; puis il montre les premiers comme étant
en état constant de coalition contre les seconds.
Le tableau est au moins chargé. En supposant
même qu'il fût exact, en quoi tout cela impor-
terait-il à la science ? Les patrons essayeraient
vainement d'abaisser les salaires, s'ils trouvaient
sur le marché un nombre d'ouvriers insuffisant,
et les ouvriers essayeraient vainement d'élever
les salaires s'ils se trouvaient en nombre excessif.
Or ce n'est ni la volonté des patrons ni celle
des ouvriers qui détermine dans chaque industrie l'importance de l'offre et celle de la demande.

L'habitude d'employer des personnifications générales dans les discussions sociales est dangereuse à plusieurs égards : elle dissimule la réalité des phénomènes et les montre sous un aspect qui n'est pas le vrai. On oppose, par exemple, depuis Adam Smith, le travail et le capital, l'ouvrier, le patron, le propriétaire, etc., abstractions et personnages abstraits. En fait, les salaires, les intérêts, la rente, ne se discutent pas en même temps sur tout le marché ; ils se discutent dans chaque branche d'industrie, dans chaque localité, dans chaque entreprise et la discussion, toujours dominée par la loi de l'offre et de la demande, est conduite de mille manières, selon le caractère des intéressés et selon qu'ils sont plus ou moins bien informés. Adam Smith le savait et l'a dit, mais il l'a oublié plus d'une fois, parce qu'il mêlait l'exposé des lois scientifiques aux études d'application.

Il est bien vrai que, dans la suite de son exposition, Adam Smith pose et discute des questions nombreuses et curieuses plutôt que scientifiques de manière à montrer qu'il avait une connaissance plus exacte de la matière qu'on ne l'aurait supposé en lisant le commencement. Toutefois l'ensemble manque de précision et de clarté.

On peut en dire autant de la partie de son exposition relative à la rente. Dans les longues discussions auxquelles on s'est livré sur cette matière, les partisans des deux opinions opposées ont pu également invoquer l'autorité de l'auteur des *Recherches*.

Ce mélange, inévitable au début, de considérations théoriques et de considérations pratiques a été nuisible au progrès de la science. Celle-ci se constitue par un ensemble de notions abstraites et simples, tandis que l'application s'occupe surtout des personnes, chose très complexe. Personnifier des conceptions abstraites, c'est substituer le composé au simple, c'est courir en quelque sorte au-devant de l'erreur et susciter des discussions aussi faciles à soulever que difficiles à clore.

Dans toutes les branches de la science sociale les faits sur lesquels porte l'observation sont complexes et ne peuvent être bien étudiés qu'au moyen de l'analyse rationnelle qui les décompose, comme l'analyse chimique décompose les corps que la nature présente à notre observation. Or, ni Adam Smith ni la plupart des économistes qui l'ont pris pour guide ne se sont assez servis de l'analyse rationnelle. En considérant les faits sous leur premier aspect, par à peu près, tels que les voit l'homme du monde, ils ont été impuissants à donner à leur exposition la rigueur scientifique; mais leurs travaux ont rendu plus faciles ceux de leurs successeurs et ont ainsi atteint le plus haut degré d'utilité auquel on puisse aspirer.

COURÇELLE-SENEUIL.

RECHERCHES SUR LA NATURE

ET LES CAUSES

DE LA RICHESSE DES NATIONS

INTRODUCTION

ET PLAN DE L'OUVRAGE.

Le Travail annuel d'une nation est le fonds primitif qui fournit à sa consommation annuelle toutes les choses nécessaires et commodes à la vie ; et ces choses sont toujours ou le produit immédiat de ce travail, ou achetées des autres nations avec ce produit.

Ainsi, selon que ce produit, ou ce qui est acheté avec ce produit, se trouvera être dans une proportion plus ou moins grande avec le nombre des consommateurs, la nation sera plus ou moins bien pourvue de toutes les choses nécessaires ou commodes dont elle éprouvera le besoin.

Or, dans toute nation, deux circonstances dif-

1

férentes déterminent cette proportion. Premièrement, l'habileté, la dextérité et l'intelligence
qu'on y apporte généralement dans l'application
du travail ; deuxièmement, la proportion qui s'y
trouve entre le nombre de ceux qui sont occupés à un travail utile et le nombre de ceux qui
ne le sont pas. Ainsi, quels que puissent être le
sol, le climat et l'étendue du territoire d'une nation, nécessairement l'abondance ou la disette
de son approvisionnement annuel, relativement
à sa situation particulière, dépendra de ces deux
circonstances.

L'abondance ou l'insuffisance de cet approvisionnement dépend plus de la première de
ces deux circonstances que de la seconde. Chez
les nations sauvages qui vivent de la chasse et de
la pêche, tout individu en état de travailler est
plus ou moins occupé à un travail utile, et tâche
de pourvoir, du mieux qu'il peut, à ses besoins
et à ceux des individus de sa famille ou de sa
tribu qui sont trop jeunes, trop vieux, ou trop
infirmes pour aller à la chasse ou à la pêche.
Ces nations sont cependant dans un état de pauvreté suffisant pour les réduire souvent, ou du
moins pour qu'elles se croient réduites, à la nécessité tantôt de détruire elles-mêmes leurs enfants, leurs vieillards et leurs malades, tantôt
de les abandonner aux horreurs de la faim ou
à la dent des bêtes féroces. Au contraire, chez
les nations civilisées et en progrès, quoiqu'il y

ait un grand nombre de gens tout à fait oisifs et beaucoup d'entre eux qui consomment un produit de travail décuple et souvent centuple de ce que consomme la plus grande partie des travailleurs, cependant la somme du produit du travail de la société est si grande, que tout le monde y est souvent pourvu avec abondance, et que l'ouvrier, même de la classe la plus basse et la plus pauvre, s'il est sobre et laborieux, peut jouir, en choses propres aux besoins et aux aisances de la vie, d'une part bien plus grande que celle qu'aucun sauvage pourrait jamais se procurer.

Les causes qui perfectionnent ainsi le pouvoir productif du *travail* et l'ordre suivant lequel ses produits se distribuent naturellement entre les diverses classes de personnes dont se compose la société, feront la matière du *premier livre* de ces Recherches.

Quel que soit, dans une nation, l'état actuel de son habileté, de sa dextérité et de son intelligence dans l'application du travail, tant que cet état reste le même, l'abondance ou la disette de sa provision annuelle dépendra nécessairement de la proportion entre le nombre des individus employés à un travail utile, et le nombre de ceux qui ne le sont pas. Le nombre des travailleurs utiles et productifs est partout, comme on le verra par la suite, en proportion de la quantité du Capital employé à les mettre en œuvre, et de la manière particulière dont ce capital est employé. Le *second livre* traite donc de la nature du capital et de la manière dont il s'accumule graduellement, ainsi que des différentes quantités de travail qu'il met en activité, selon les différentes manières dont il est employé.

Des nations qui ont porté assez loin l'habileté, la dextérité et l'intelligence dans l'application du travail, ont suivi des méthodes fort différentes dans la manière de le diriger ou de lui donner une impulsion générale, et ces méthodes n'ont pas toutes été également favorables à l'augmentation de la masse de ses produits. La politique de quelques nations a donné un encouragement extraordinaire à l'industrie des campagnes ; celle de quelques autres, à l'industrie des villes. Il n'en est presque aucune qui ait traité tous les genres d'industrie avec égalité et avec impartialité. Depuis la chute de l'empire romain, la politique de l'Europe a été plus favorable aux arts, aux manufactures et au commerce, qui sont l'industrie des villes qu'à l'agriculture, qui est celle des campagnes. Les circonstances qui semblent avoir introduit et établi cette politique sont exposées dans le *troisième livre*.

Quoique ces différentes méthodes aient peut-être dû leur première origine aux préjugés et à l'intérêt privé de quelques classes particulières,

qui ne calculaient ni ne prévoyaient les conséquences qui pourraient en résulter pour le bien-
être général de la société, cependant elles ont
donné lieu à différentes théories d'Économie
politique, dont les unes exagèrent l'importance
de l'industrie qui s'exerce dans les villes, et les
autres, celle de l'industrie des campagnes. Ces
théories ont eu une influence considérable, non
seulement sur les opinions des hommes instruits,
mais même sur la conduite publique des princes
et des États. J'ai tâché, dans le *quatrième livre*,
d'exposer ces différentes théories aussi clairement qu'il m'a été possible, ainsi que les divers
effets qu'elles ont produits en différents siècles
et chez différents peuples.

Ces quatre premiers livres traitent donc de ce
qui constitue le Revenu de la masse du peuple,
ou de la nature de ces Fonds qui, dans les différents âges et chez les différents peuples, ont
fourni à leur consommation annuelle.

Le *cinquième et dernier livre* traite du revenu
du Souverain ou de la République. J'ai tâché de
montrer dans ce livre : — 1º quelles sont les
dépenses nécessaires du souverain ou de la république, lesquelles de ces dépenses doivent
être supportées par une contribution générale
de toute la société, et lesquelles doivent l'être
par une certaine portion seulement ou par
quelques membres particuliers de la société ; —
2º quelles sont les différentes méthodes de faire

contribuer la société entière à l'acquit des dépenses qui doivent être supportées par la géné-
ralité du peuple, et quels sont les principaux
avantages et inconvénients de chacune de ces
méthodes ; — 3° enfin, quelles sont les causes
qui ont porté presque tous les gouvernements
modernes à engager ou à hypothéquer quelque
partie de ce revenu, c'est-à-dire à contracter
les Dettes, et quels ont été les effets de ces
dettes sur la véritable richesse de la société, sur
le produit annuel de ses Terres et de son travail.

LIVRE PREMIER

_____

I

DE LA DIVISION DU TRAVAIL.

Les plus grandes améliorations dans la puissance productive du travail, et la plus grande partie de l'habileté, de l'adresse, de l'intelligence avec laquelle il est dirigé ou appliqué, sont dues, à ce qu'il semble, à la *Division du travail.*

On se fera plus aisément une idée des effets de la division du travail sur l'industrie générale de la société, si l'on observe comment ces effets opèrent dans quelques manufactures particulières. On suppose communément que cette division est portée le plus loin possible dans quelques-unes des manufactures où se fabriquent des objets de peu de valeur. Ce n'est pas peut-être que réellement elle y soit portée plus loin que dans des fabriques plus importantes ; mais c'est que, dans les premières, qui sont destinées à de petits objets demandés par un petit nombre de personnes, la totalité des ouvriers qui y sont employés est nécessairement peu nombreuse, et que ceux qui sont occupés à chaque différente branche de l'ouvrage peuvent souvent être réunis dans un atelier et placés à la fois sous les yeux de l'observateur. Au contraire, dans ces grandes manufactures destinées à fournir les objets de consommation de la masse du peuple, chaque branche de l'ouvrage emploie un si grand nombre d'ouvriers, qu'il est impossible de les réunir tous dans le même atelier. On ne peut guère voir à la fois que les ouvriers employés à une seule branche de l'ouvrage. Ainsi, quoique dans ces manufactures l'ouvrage soit peut-être en réalité divisé en un plus grand nombre de parties que dans celles de la première espèce, cependant la division y est moins sensible et, par cette raison, elle y a été moins bien observée.

Prenons un exemple dans une manufacture de la plus petite importance, mais où la division du travail s'est fait souvent remarquer : une manufacture d'épingles.

Un homme qui ne serait pas façonné à ce genre d'ouvrage, dont la division du travail a fait un métier particulier, ni accoutumé à se servir des instruments qui y sont en usage, dont l'invention est probablement due encore à la division du travail, cet ouvrier, quelque adroit qu'il fût, pourrait peut-être à peine faire une épingle dans toute sa journée, et certainement il n'en ferait pas une vingtaine. Mais de la manière dont cette industrie est maintenant conduite, non seulement l'ouvrage entier forme un métier particulier, mais même cet ouvrage est divisé en un grand nombre de branches, dont la plupart constituent autant de métiers particuliers. Un ouvrier *tire le fil à la bobille*, un autre le *dresse*, un troisième *coupe la dressée*, un quatrième *empointe*, un cinquième est employé à *émoudre* le bout qui doit recevoir la *tête*. Cette *tête* est elle-même l'objet de deux ou trois opérations séparées : la *frapper* est une besogne particulière ; *blanchir* les épingles en est une autre ; c'est même un métier distinct et séparé que de *piquer* les papiers et d'y *bouter* les épingles ; enfin l'important travail de faire une épingle est divisé en dix-huit opérations distinctes ou environ, lesquelles, dans certaines fabriques, sont remplies par autant de mains différentes, quoique dans d'autres le même ouvrier en remplisse deux ou trois. J'ai vu une petite manufacture de ce genre qui n'employait que dix ouvriers, et où, par conséquent, quelques-uns d'eux étaient chargés de deux ou trois opérations. Mais, quoique la fabrique fût fort pauvre et, par cette raison, mal outillée, cependant, quand ils se mettaient en train, ils venaient à bout de faire entre eux environ douze livres d'épingles par jour ; or, chaque livre contient au delà de quatre mille épingles de taille moyenne. Ainsi, ces dix ouvriers pouvaient faire entre eux plus de quarante-huit milliers d'épingles dans une journée ; donc, chaque ouvrier, faisant une dixième partie de ce produit, peut être considéré comme donnant dans sa journée quatre mille huit cents épingles. Mais s'ils avaient tous travaillé à part et indépendamment les uns des autres, et s'ils n'avaient pas été façonnés à cette besogne particulière, chacun d'eux assurément n'eût pas fait vingt épingles, peut-être pas une seule, dans sa journée, c'est-à-dire pas, à coup sûr, la deux cent quarantième partie, et pas peut-être la quatre mille huit centième partie de ce qu'ils sont maintenant en état de faire, en conséquence d'une division et d'une combinaison convenables de leurs différentes opérations.

Dans tout autre art et manufacture, les effets de la division du travail sont les mêmes que ceux que nous venons d'observer dans la fabrique d'une épingle, quoique dans un grand nombre le travail ne puisse pas être aussi subdivisé ni réduit à des opérations d'une aussi grande simplicité. Toutefois, dans chaque art, la division du travail, aussi loin qu'elle peut y être portée, amène un accroissement proportionnel dans la puissance productive du travail. C'est cet avantage qui paraît avoir donné naissance à la séparation des divers emplois et métiers.

Aussi, cette séparation est en général poussée plus loin dans les pays qui jouissent du plus haut degré de perfectionnement; ce qui, dans une société encore un peu grossière, est l'ouvrage d'un seul homme, devient, dans une société plus avancée, la besogne de plusieurs. Dans toute société avancée, un fermier en général n'est que fermier, un fabricant n'est que fabricant. Le travail nécessaire pour produire complètement un objet manufacturé est aussi presque toujours divisé entre un grand nombre de mains. Que de métiers différents sont employés dans chaque branche des ouvrages manufacturés, de toile ou de laine, depuis l'ouvrier qui travaille à faire croître le lin et la laine, jusqu'à celui qui est employé à blanchir et à tisser la toile ou à teindre et à lustrer le drap !

Il est vrai que la nature de l'agriculture ne comporte pas une aussi grande subdivision de travail que les manufactures, ni une séparation aussi complète des travaux.

Cette grande augmentation dans la quantité d'ouvrage qu'un même nombre de bras est en état de fournir, en conséquence de la division du travail, est due à trois circonstances différentes : — premièrement, à un accroissement d'habileté chez chaque ouvrier individuellement ; — deuxièmement, à l'épargne du temps qui se perd ordinairement quand on passe d'une espèce d'ouvrage à une autre ; — et troisièmement enfin, à l'invention d'un grand nombre de machines qui facilitent et abrègent le travail, et qui permettent à un homme de remplir la tâche de plusieurs.

Premièrement, l'accroissement de l'habileté dans l'ouvrier augmente la quantité d'ouvrage

qu'il peut accomplir, et la division du travail,
en réduisant la tâche de chaque homme à quelque opération très simple et en faisant de cette
opération la seule occupation de sa vie, lui fait
acquérir nécessairement une très grande dextérité. Un forgeron ordinaire, qui bien habitué
à manier le marteau, n'a cependant jamais été
habitué à faire des clous, s'il est obligé par
hasard de s'essayer à en faire, viendra très dif-
ficilement à bout d'en faire deux ou trois cents
dans sa journée; encore seront-ils fort mauvais.
Un forgeron qui aura été accoutumé à en faire,
mais qui n'en aura pas fait son unique métier,
aura peine, avec la plus grande diligence, à en
fournir dans un jour plus de huit cents ou d'un
millier. Or, j'ai vu des jeunes gens au-dessous
de vingt ans, n'ayant jamais exercé d'autre métier que celui de faire des clous, qui, lorsqu'ils
étaient en train, pouvaient fournir chacun plus
de deux mille trois cents clous par jour. Toutefois, la façon d'un clou n'est pas une des opérations des plus simples. La même personne
fait aller les soufflets, attise ou dispose le feu
quand il en est besoin, chauffe le fer et forge
chaque partie du clou. En forgeant la tête, il
faut qu'elle change d'outils. Les différentés opérations dans lesquelles se subdivise la façon
d'une épingle ou d'un bouton de métal sont
toutes beaucoup plus simples, et la dextérité
d'une personne qui n'a pas eu dans sa vie
d'autres occupations que celles-là est ordinai-

rement beaucoup plus grande. La rapidité avec
laquelle quelques-unes de ces opérations s'exé-
cutent dans les fabriques passe tout ce qu'on
pourrait imaginer ; et ceux qui n'en ont pas été
témoins ne sauraient croire que la main de
l'homme fût capable d'acquérir autant d'agilité.

En second lieu, l'avantage qu'on gagne à
épargner le temps qui se perd communément
en passant d'une sorte d'ouvrage à une autre
est beaucoup plus grand que nous ne pourrions
le penser au premier coup d'œil. Il est impossible de passer très vite d'une espèce de travail
à une autre qui exige un changement de place
et des outils différents. Un tisserand de la campagne, qui exploite une petite ferme, perd une
grande partie de son temps à aller de son métier à son champ, et de son champ à son métier.
Quand les deux métiers peuvent être établis
dans le même atelier, la perte du temps est sans
doute beaucoup moindre ; néanmoins elle ne
laisse pas d'être considérable. Ordinairement,
un homme perd un peu de temps en passant
d'une besogne à une autre. Quand il commence
à se mettre à ce nouveau travail, il est rare qu'il
soit d'abord bien en train ; il n'a pas, comme on
dit, le cœur à l'ouvrage, et pendant quelques
moments il niaise plutôt qu'il ne travaille de
bon cœur. Cette habitude de flâner et de travailler sans application et avec nonchalance est
naturelle à l'ouvrier de la campagne, ou plutôt
il la contracte nécessairement, étant obligé de

changer d'ouvrage et d'outils à chaque demi-
heure, et de mettre la main chaque jour de sa
vie à vingt besognes différentes; elle le rend
presque toujours paresseux et incapable d'un
travail sérieux et appliqué, même dans les occasions où il est le plus pressé d'ouvrage. Ainsi, indépendamment de ce qui lui manque en dextérité,
cette seule raison diminuera considérablement
la quantité d'ouvrage qu'il sera en état d'accomplir.

En troisième et dernier lieu, tout le monde
sent combien l'emploi de machines propres à un
ouvrage abrège et facilite le travail. Il est inutile d'en chercher des exemples. Je ferai remarquer seulement qu'il semble que c'est à la division
du travail qu'est originairement due l'invention
de toutes ces machines propres à abréger et à
faciliter le travail. Quand l'attention d'un homme
est toute dirigée vers un objet, il est bien plus
propre à découvrir les méthodes les plus promp-
tes et les plus aisées pour l'atteindre, que lorsque cette attention embrasse une grande variété
de choses. Or, en conséquence de la division du
travail, l'attention de chaque homme est naturellement fixée tout entière sur un objet très
simple. On doit donc naturellement attendre
que quelqu'un de ceux qui sont employés à une
branche séparée d'un ouvrage, trouvera bientôt
la méthode la plus courte et la plus facile de
remplir sa tâche particulière, si la nature de
cette tâche permet de l'espérer. Une grande

partie des machines employées dans les manufactures où le travail est le plus subdivisé, ont
été originairement inventées par de simples ouvriers qui, naturellement, appliquaient toutes
leurs pensées à trouver les moyens les plus
courts et les plus aisés de remplir la tâche particulière qui faisait leur seule occupation. Il n'y
a personne accoutumée à visiter les manufactures, à qui on n'ait fait voir une machine ingé-
nieuse imaginée par quelque pauvre ouvrier
pour abréger et faciliter sa besogne. Dans les
premières machines à vapeur, il y avait un petit
garçon occupé à ouvrir et à fermer alternative-
ment la communication entre la chaudière et le
cylindre, suivant que le piston montait ou des-
cendait. L'un de ces petits garçons, qui avait
envie de jouer avec un de ses camarades, observa
qu'en mettant un cordon au manche de la soupape qui ouvrait cette communication, et en at-
tachant ce cordon à une autre partie de la machine, cette soupape s'ouvrirait et se fermerait
sans lui, et qu'il aurait la liberté de jouer tout
à son aise. Ainsi, une des découvertes qui a le
plus contribué à perfectionner ces sortes de machines depuis leur invention est due à un enfant
qui ne cherchait qu'à s'épargner de la peine.

Cependant il s'en faut de beaucoup que toutes
les découvertes tendant à perfectionner les machines et les outils aient été faites par les hommes
destinés à s'en servir personnellement. Un grand
nombre est dû à l'industrie des constructeurs

de machines, depuis que cette industrie est devenue l'objet d'une profession particulière, et quelques-unes à l'habileté de ceux qu'on nomme *savants* ou *théoriciens*, dont la profession est de ne rien faire, mais de tout observer, et qui, par cette raison, se trouvent souvent en état de combiner les forces des choses les plus éloignées et les plus dissemblables. Dans une société avancée, les fonctions philosophiques ou spéculatives deviennent, comme tout autre emploi, la principale ou la seule occupation d'une classe particulière de citoyens. Cette occupation, comme toute autre, est aussi subdivisée en un grand nombre de branches différentes, dont chacune occupe une classe particulière de savants, et cette subdivision du travail, dans les sciences comme en toute autre chose, tend à accroître l'habileté et à épargner du temps. Chaque individu acquiert beaucoup plus d'expérience et d'aptitude dans la branche particulière qu'il a adoptée ; il y a au total plus de travail accompli, et la somme des connaissances en est considérablement augmentée.

Cette grande multiplication dans les produits de tous les différents arts et métiers, résultant de la division du travail, est ce qui, dans une société bien gouvernée, donne lieu à cette opulence générale qui se répand jusque dans les dernières classes du peuple. Chaque ouvrier se trouve avoir une grande quantité de son travail dont il peut disposer, outre ce qu'il en applique

à ses propres besoins ; et comme les autres ouvriers sont aussi dans le même cas, il est à
même d'échanger une grande quantité des marchandises. Il peut fournir abondamment ces
autres ouvriers de ce dont ils ont besoin, et il
trouve également à s'accommoder auprès d'eux,
en sorte qu'il se répand, parmi les différentes
classes de la société, une abondance universelle.

Observez, dans un pays civilisé et florissant,
ce qu'est le mobilier d'un simple journalier ou
du dernier des manœuvres, et vous verrez que
le nombre des gens dont l'industrie a concouru
pour une part quelconque à lui fournir ce mobilier, est au delà de tout calcul possible. La
veste de laine par exemple, qui couvre ce journalier, toute grossière qu'elle paraît, est le produit du travail réuni d'une innombrable multitude d'ouvriers. Le berger, celui qui a trié la
laine, celui qui l'a peignée ou cardée, le teinturier, le fileur, le tisserand, le foulonnier, celui
qui adoucit, chardonne et unit le drap, tous
ont mis une portion de leur industrie à l'achè-
vement de cette œuvre grossière. Combien,
d'ailleurs, n'y a-t-il pas eu de marchands et de
voituriers employés à transporter la matière à
ces divers ouvriers, qui souvent demeurent dans
des endroits distants les uns des autres ! Que de
commerce et de navigation mis en mouvement !
Que de constructeurs de vaisseaux, de matelots,
d'ouvriers en voiles et en cordages, mis en
œuvre pour opérer le transport des différentes

drogues du teinturier, rapportées souvent des extrémités du monde! Quelle variété de travail aussi pour produire les outils du moindre de ces ouvriers! Sans parler des machines les plus compliquées, comme le vaisseau du commerçant, le moulin du foulonnier ou même le métier du tisserand, considérons seulement quelle multitude de travaux exige une des machines les plus simples, les ciseaux avec lesquels le berger a coupé la laine. Il faut que le mineur, le constructeur du fourneau où le minerai a été fondu, le bûcheron qui a coupé le bois de la charpente, le charbon consommé à la fonte, le briquetier, le maçon, les ouvriers qui ont construit le fourneau, la construction du moulin de la forge, le forgeron, le coutelier, aient tous contribué, par la réunion de leur industrie, à la production de cet outil. Si nous voulions examiner de même chacune des autres parties de l'habillement de ce même journalier, ou chacun des meubles de son ménage, la grosse chemise de toile qu'il porte sur la peau, les souliers qui chaussent ses pieds, le lit sur lequel il repose et toutes les différentes parties dont ce meuble est composé; le gril sur lequel il fait cuire ses aliments, le charbon dont il se sert, arraché des entrailles de la terre et apporté peut-être par de longs trajets sur terre et sur mer, tous ses autres ustensiles de cuisine, ses meubles de table, ses couteaux et ses fourchettes, les assiettes de terre ou d'étain sur lesquelles il sert et coupe ses aliments, les différentes

mains qui ont été employées à préparer son pain et
sa bière, le châssis de verre qui lui procure à la
fois de la chaleur et de la lumière, en l'abritant
du vent et de la pluie : l'art et les connaissances qu'exige la préparation de cette heureuse et magnifique invention, sans laquelle nos
climats du nord offriraient à peine des habitations supportables; si nous songions aux nombreux outils qui ont été nécessaires aux ouvriers
employés à produire ces diverses commodités ; si
nous examinions en détail toutes ces choses, si
nous considérions la variété et la quantité de
travaux que suppose chacune d'elles, nous sen-
tirions que, sans l'aide et le concours de plusieurs milliers de personnes, le plus petit particulier, dans un pays civilisé, ne pourrait être
vêtu et meublé même selon ce que nous regar-
dons assez mal à propos comme la manière
la plus simple et la plus commune. Il est
vrai que son mobilier paraît extrêmement
simple et commun, si on le compare avec le
luxe extravagant d'un grand seigneur ; cependant, entre le mobilier d'un prince d'Europe
et celui d'un paysan laborieux et rangé, il n'y a
peut-être pas autant de différence qu'entre les
meubles de ce dernier et ceux de tel roi d'Afrique qui règne sur dix mille sauvages nus et
qui dispose en maître absolu de leur liberté et
de leur vie.

DU PRINCIPE QUI DONNE LIEU A LA DIVISION DU TRAVAIL.

Cette division du travail, de laquelle découlent tant d'avantages, ne doit pas être regardée dans son origine comme l'effet d'une sagesse humaine qui ait prévu et qui ait eu pour but cette opulence générale qui en est le résultat ; elle est la conséquence nécessaire, quoique lente et graduelle, d'un certain penchant naturel à tous les hommes qui ne se proposent pas des vues d'utilité aussi étendues : c'est le penchant qui les porte à trafiquer, à faire des trocs et des échanges d'une chose pour une autre.

Il n'est pas de notre sujet d'examiner si ce penchant est un de ces premiers principes de la nature humaine dont on ne peut pas rendre compte, ou bien, comme cela paraît plus probable, s'il est une conséquence nécessaire de l'usage de la raison et de la parole. Il est commun à tous les hommes, et on ne l'aperçoit dans aucune autre espèce d'animaux, pour lesquels ce genre de contrat est aussi inconnu que tous les autres. Deux lévriers qui courent le même lièvre ont quelquefois l'air d'agir de concert. Chacun d'eux renvoie le gibier vers son compagnon ou bien tâche de le saisir au passage quand il le lui renvoie. Ce n'est toutefois l'effet d'aucune convention entre ces animaux, mais seulement celui du concours accidentel de leurs passions vers un même objet. On n'a jamais vu de chien faire de propos délibéré l'échange d'un os avec un autre chien. On n'a jamais vu d'animal chercher à faire entendre à un autre par sa voix ou ses gestes : *Ceci est à moi, cela est à toi; je te donnerai l'un pour l'autre.* Quand un animal veut obtenir quelque chose d'un autre animal ou d'un homme, il n'a pas d'autre moyen que de chercher à gagner la faveur de celui dont il a besoin. Le petit caresse sa mère, et le chien qui assiste au dîner de son maître s'efforce par mille manières d'attirer son attention pour en obtenir à manger. L'homme en agit quelquefois de même avec ses semblables, et quand il n'a pas d'autre voie pour les engager à faire ce qu'il souhaite, il tâche de gagner leurs bonnes grâces par des flatteries et des attentions serviles. Il n'a cependant pas toujours le temps de mettre ce moyen en œuvre. Dans une société civilisée, il a besoin à tout moment de l'assistance et du concours d'une multitude d'hommes, tandis que toute sa vie suffirait à peine pour lui gagner l'amitié de quelques personnes. Dans presque toutes les espèces d'animaux, chaque individu, quand il est parvenu à sa pleine croissance, est tout à fait indépendant et, tant qu'il reste dans son état na-

turel, il peut se passer de l'aide de toute autre
créature vivante. Mais l'homme a presque continuellement besoin du secours de ses semblables, et c'est en vain qu'il l'attendrait de leur
seule bienveillance. Il sera bien plus sûr de
réussir, s'il s'adresse à leur intérêt personnel
et s'il leur persuade que leur propre avantage
leur commande de faire ce qu'il souhaite d'eux.
C'est ce que fait celui qui propose à un autre un
marché quelconque; le sens de sa proposition
est ceci : *Donnez-moi ce dont j'ai besoin, et vous
aurez de moi ce dont vous avez besoin vous-
même;* et la plus grande partie de ces bons offices qui nous sont nécessaires s'obtiennent de
cette façon. Ce n'est pas de la bienveillance du
boucher, du marchand de bière et du boulanger,
que nous attendons notre dîner, mais bien du
soin qu'ils apportent à leurs intérêts. Nous ne
nous adressons pas à leur humanité, mais à
leur égoïsme; et ce n'est jamais de nos besoins
que nous leur parlons, c'est toujours de leur
avantage. Il n'y a qu'un mendiant qui puisse se
résoudre à dépendre de la bienveillance d'autrui; encore ce mendiant n'en dépend-il pas en
tout; c'est bien la bonne volonté des personnes
charitables qui lui fournit le fonds entier de sa
subsistance; mais quoique ce soit là en dernière
analyse le principe d'où il tire de quoi satisfaire
aux besoins de sa vie, cependant ce n'est pas
celui-là qui peut y pourvoir à mesure qu'ils se
font sentir. La plus grande partie de ses be-

soins du moment se trouvent satisfaits, comme
ceux des autres hommes, par traité, par échange
et par achat. Avec l'argent que l'un lui donne,
il achète du pain. Les vieux habits qu'il reçoit
d'un autre, il les troque contre d'autres vieux
habits qui l'accommodent mieux, ou bien contre
un logement, contre des aliments, ou enfin contre de l'argent qui lui servira à se procurer un
logement, des aliments ou des habits quand il en
aura besoin.

Comme c'est ainsi par traité, par troc et par
achat que nous obtenons des autres la plupart
de ces bons offices qui nous sont mutuellement
nécessaires, c'est cette même disposition à trafiquer qui a dans l'origine donné lieu à la division du travail. Par exemple, dans une tribu de
chasseurs ou de bergers, un individu fait des
arcs et des flèches avec plus de célérité et d'a-
dresse qu'un autre. Il troquera facilement ces
objets avec ses compagnons contre du bétail ou
du gibier, et il ne tarde pas à s'apercevoir que,
par ce moyen, il pourra se procurer plus de bétail et de gibier que s'il allait lui-même à la
chasse. Par calcul d'intérêt donc, il fait sa principale occupation des arcs et des flèches, et le
voilà devenu une espèce d'armurier. Un autre
excelle à bâtir et à couvrir les petites huttes ou
cabanes mobiles; ses voisins prennent l'habitude
de l'employer à cette besogne, et de lui donner
en récompense du bétail ou du gibier, de sorte
qu'à la fin il trouve qu'il est de son intérêt de

s'adonner exclusivement a cette besogne et de se faire en quelque sorte charpentier et constructeur. Un troisième devient de la même manière forgeron ou chaudronnier ; un quatrième est le tanneur ou le corroyeur des peaux ou cuirs qui forment le principal vêtement des sauvages. Ainsi, la certitude de pouvoir troquer tout le produit de son travail qui excède sa propre consommation, contre un pareil surplus du produit du travail des autres qui peut lui être nécessaire, porte chaque homme à s'adonner à une occupation particulière, et à cultiver et perfectionner tout ce qu'il peut avoir de talent et d'intelligence pour cette espèce de travail.

Dans la réalité, la différence des talents naturels entre les individus est bien moindre que nous ne le croyons, et les aptitudes si différentes qui semblent distinguer les hommes de diverses professions quand ils sont parvenus à la maturité de l'âge, n'est pas tant la cause que l'effet de la division du travail, en beaucoup de circonstances. La différence entre les hommes adonnés aux professions les plus opposées, entre un philosophe, par exemple, et un portefaix, semble provenir beaucoup moins de la nature que de l'habitude et de l'éducation. Quand ils étaient l'un et l'autre au commencement de leur carrière, dans les six ou huit premières années de leur vie, il y avait peut-être entre eux une telle ressemblance que leurs parents ou camarades n'y auraient pas remarqué de différence sensible. Vers cet âge ou bientôt après, ils ont commencé à être employés à des occupations fort différentes. Dès lors a commencé entre eux cette disparité qui s'est augmentée insensiblement, au point qu'aujourd'hui la vanité du philosophe consentirait à peine à reconnaître un seul point de ressemblance. Mais, sans la disposition des hommes à trafiquer et à échanger, chacun aurait été obligé de se procurer lui-même toutes les nécessités et commodités de la vie. Chacun aurait eu la même tâche à remplir et le même ouvrage à faire, et il n'y aurait pas eu lieu à cette grande différence d'occupations, qui seule peut donner naissance à une grande différence de talents.

Comme c'est ce penchant à troquer qui donne lieu à cette diversité de talents, si remarquable entre hommes de différentes professions, c'est aussi ce même penchant qui rend cette diversité utile. Beaucoup de races d'animaux, qu'on reconnaît pour être de la même espèce, ont reçu de la nature des caractères distinctifs et des aptitudes différentes beaucoup plus sensibles que celles qu'on pourrait observer entre les hommes, antérieurement à l'effet des habitudes et de l'éducation. Par nature, un philosophe n'est pas de moitié aussi différent d'un portefaix, en aptitude et en intelligence, qu'un mâtin l'est d'un lévrier, un lévrier d'un épagneul, et celui-ci d'un chien de berger. Toutefois, ces différentes races d'animaux, quoique de même espèce, ne sont

presque d'aucune utilité les unes pour les autres.
Le màlin ne peut pas ajouter aux avantages de
sa force en s'aidant de la légèreté du lévrier, ou
de la sagacité de l'épagneul, ou de la docilité du
chien de berger. Les effets de ces différentes aptitudes ou degrés d'intelligence, faute d'une
faculté ou d'un penchant au commerce et à l'é-
change, ne peuvent être mis en commun, et ne
contribuent pas le moins du monde à l'avantage
ou à la commodité commune de l'espèce. Chaque animal est toujours obligé de s'entretenir et
de se défendre lui-même à part et indépendamment des autres, et il ne peut retirer la moindre
utilité de cette variété d'aptitudes que la nature
a réparties entre ses pareils. Parmi les hommes,
au contraire, les talents les plus disparates sont
utiles les uns aux autres; les différents produits
de leur industrie respective, au moyen de ce
penchant universel à troquer et à commercer,
se trouvent mis, pour ainsi dire, en une masse
commune où chaque homme peut aller acheter,
suivant ses besoins, une portion quelconque du
produit de l'industrie des autres.

QUE LA DIVISION DU TRAVAIL EST LIMITÉE PAR L'ÉTENDUE DU MARCHÉ.

Puisque c'est la faculté d'échanger qui donne lieu à la division du travail, l'accroissement de cette division doit, par conséquent, toujours être limité par l'étendue de la faculté d'échanger, ou, en d'autres termes, par l'étendue du *marché*. Si le marché est très petit, personne ne sera encouragé à s'adonner entièrement à une seule occupation, faute de pouvoir trouver à échanger tout le surplus du produit de son travail qui excédera sa propre consommation, contre un pareil surplus du produit du travail d'autrui qu'il voudrait se procurer.

Il y a certains genres d'industrie, même de l'espèce la plus basse, qui ne peuvent s'établir ailleurs que dans une grande ville. Un porte-faix, par exemple, ne pourrait pas trouver ailleurs d'emploi ni de subsistance. Un village est une sphère trop étroite pour lui ; même une ville ordinaire est à peine assez vaste pour lui fournir constamment de l'occupation. Dans ces

maisons isolées et ces petits hameaux qui se
trouvent épars dans un pays très peu habité,
comme dans les montagnes d'Écosse, il faut que
chaque cultivateur soit le boucher, le boulanger
et le brasseur de son ménage. Dans ces contrées,
il ne faut pas s'attendre à trouver deux forgerons, deux charpentiers, ou deux maçons qui
ne soient pas au moins à vingt milles l'un de l'autre. Les familles éparses qui se trouvent à huit
ou dix milles du plus proche de ces ouvriers
sont obligées d'apprendre à faire elles-mêmes
une quantité de menus ouvrages pour lesquels
on aurait recours à l'ouvrier dans des pays plus
peuplés. Les ouvriers de la campagne sont presque partout dans la nécessité de s'adonner à
toutes les différentes branches d'industrie qui
ont quelque rapport entre elles par l'emploi des
mêmes matériaux. Un charpentier de village
confectionne tous les ouvrages en bois, et un serrurier de village tous les ouvrages en fer. Le
premier n'est pas seulement charpentier, il est
encore menuisier, ébéniste; il est sculpteur en
bois, en même temps qu'il fait des charrues et
des voitures. Les métiers du second sont encore
bien plus variés. Il n'y a pas de place pour un
cloutier dans ces endroits reculés de l'intérieur
des montagnes d'Écosse. A raison d'un millier
de clous par jour, et en comptant trois cents
jours de travail par année, cet ouvrier pourrait
en fournir trois cents milliers. Or, dans une pareille localité, il lui serait impossible de trouver

le débit d'un seul millier, c'est-à-dire du travail d'une seule journée, dans le cours d'un an.

Comme la facilité des transports par eau ouvre un marché plus étendu à chaque espèce d'industrie que ne peut le faire le seul transport par terre, c'est sur les côtes de la mer et le long des rivières navigables que l'industrie de tout genre commence à se subdiviser et à faire des progrès ; et ce n'est ordinairement que longtemps après que ces progrès s'étendent jusqu'aux parties intérieures du pays. Un chariot à larges roues, conduit par deux hommes et attelé de huit chevaux, mettra environ six semaines de temps à porter et rapporter de Londres à Édimbourg près de quatre tonneaux pesant de marchandises. Dans le même temps à peu près, un navire de six à huit hommes d'équipage, faisant voile du port de Londres à celui de Leith, porte et rapporte ordinairement le poids de deux cents tonneaux. Ainsi, à l'aide de la navigation, six ou huit hommes pourront conduire et ramener dans le même temps, entre Londres et Édimbourg, la même quantité de marchandises que cinquante chariots à larges roues conduits par cent hommes et traînés par quatre cents chevaux. Par conséquent, deux cents tonneaux de marchandises transportées par terre de Londres à Édimbourg, au meilleur compte possible, auront à supporter la charge de l'entretien de cent hommes pendant trois semaines, et de plus, non seulement de l'entretien, mais encore, ce qui est à peu près aussi cher, l'entretien et la diminution de valeur de quatre cents chevaux et de cinquante grands chariots; tandis que la même quantité de marchandises, transportées par eau, se trouvera seulement chargée de l'entretien de six à huit hommes et de la diminution de capital d'un bâtiment du port de deux cents tonneaux, en y ajoutant simplement la valeur du risque un peu plus grand, ou bien la différence de l'assurance entre le transport par eau et celui par terre. S'il n'y avait donc entre ces deux places d'autre communication que celle de terre, on ne pourrait transporter de l'une à l'autre que des objets d'un prix considérable relativement à leur poids, et elles ne comporteraient ainsi qu'une très petite partie du commerce qui subsiste présentement entre elles; par conséquent elles ne se donneraient qu'une très faible partie de l'encouragement qu'elles fournissent réciproquement à leur industrie. A cette condition, il n'y aurait que peu ou point de commerce entre les parties éloignées du monde. Quelle sorte de marchandise pourrait supporter les frais d'un voyage par terre, de Londres à Calcutta? Ou, en supposant qu'il y en eût d'assez précieuses pour valoir une telle dépense, quelle sûreté y aurait-il à la voiturer à travers les territoires de tant de peuples barbares? Cependant, ces deux villes entretiennent aujourd'hui entre elles un commerce très con-

sidérable ; et par le marché qu'elles s'ouvrent
l'une à l'autre, elles donnent un très grand
encouragement à leur industrie respective.

Puisque le transport par eau offre de si grands
avantages, il est naturel que les premiers progrès de l'art et de l'industrie se soient montrés
partout où cette facilité ouvre le monde entier
pour marché, au produit de chaque espèce de
travail, et ces progrès ne s'étendent que beaucoup plus tard dans les parties intérieures du
pays. L'intérieur des terres peut n'avoir pendant longtemps d'autre marché pour la grande
partie de ses marchandises, que le pays qui l'en-
vironne et qui le sépare des côtes de la mer ou
des rivières navigables. Ainsi, l'étendue de son
marché doit, pendant longtemps, être en proportion de ce pays et, par conséquent, il ne peut
faire de progrès que postérieurement à ceux du
pays environnant. Dans nos colonies de l'Amérique septentrionale, les plantations ont suivi
constamment les côtes de la mer ou les bords
des rivières navigables, et elles se sont rarement étendues à une distance considérable des
unes ou des autres.

D'après les témoignages les plus authentiques
de l'histoire, il paraît que les nations qui ont
été les premières civilisées sont celles qui ont
habité autour des côtes de la Méditerranée.
Cette mer, sans comparaison la plus grande de
toutes les mers intérieures du globe, n'ayant
oint de marées et, par conséquent, point d'au-

tres vagues que celles causées par les vents,
était extrêmement favorable à l'enfance de la
navigation, tant par la tranquillité de ses eaux
que par la multitude de ses îles et par la proxi-
mité des rivages qui la bordent, alors que les
hommes, ignorant l'usage de la boussole, crai-
gnaient de perdre de vue les côtes et que, dans
l'état d'imperfection où était l'art de la construction des vaisseaux, ils n'osaient s'abandonner aux flots impétueux de l'Océan. Traverser
les colonnes d'Hercule, c'est-à-dire naviguer
au-delà du détroit de Gibraltar, fut longtemps
regardé, dans l'antiquité, comme l'entreprise la
plus périlleuse et la plus surprenante. Les Phé-
niciens et les Carthaginois, les plus habiles na-
vigateurs et les plus savants constructeurs de
vaisseaux dans ces anciens temps, ne tentèrent
même ce passage que fort tard, et ils furent
longtemps les seuls peuples qui l'osèrent.

L'Égypte semble avoir été le premier de tous
les pays, sur les côtes de la Méditerranée, dans
lequel l'agriculture et les métiers aient été cultivés et avancés à un degré un peu considérable. La haute Égypte ne s'étend qu'à quelques
milles de distance du Nil, et dans la basse
Égypte, ce grand fleuve se partage en plusieurs
canaux qui, à l'aide de très peu d'art, ont
fourni des moyens de communication et de
transport, non seulement entre toutes les grandes villes, mais encore entre les villages considérables, et même entre plusieurs établisse-

ments agricoles, à peu près de la même manière que font aujourd'hui en Hollande le Rhin et la Meuse. L'étendue et la facilité de cette navigation intérieure furent probablement une des causes principales qui ont amené l'Égypte de si bonne heure à l'état d'opulence.

Il paraît aussi que les progrès de l'agriculture et des métiers datent de la plus haute antiquité dans le Bengale et dans quelques-unes des provinces orientales de la Chine, quoique nous ne puissions cependant avoir sur cette partie du monde aucun témoignage bien authentique pour juger de l'étendue de cette antiquité. Au Bengale, le Gange et quelques autres grands fleuves se partagent en plusieurs canaux, comme le Nil en Égypte. Dans les provinces orientales de la Chine, il y a plusieurs grands fleuves qui forment par leurs différentes branches une multitude de canaux et qui, communiquant les uns avec les autres, favorisent une navigation intérieure bien plus étendue que celle du Nil ou du Gange, ou peut-être que toutes deux ensemble. Il est à remarquer que ni les anciens Égyptiens, ni les Indiens, ni les Chinois, n'ont encouragé le commerce étranger, mais que tous semblent avoir tiré leur grande opulence de leur navigation intérieure.

Toute l'Afrique intérieure, et toute cette partie de l'Asie qui est située à une assez grande distance au nord du Pont-Euxin et de la mer Caspienne, l'ancienne Scythie, la Tartarie et la

Sibérie moderne, semblent, dans tous les temps, avoir été dans cet état de barbarie et de pauvreté dans lequel nous les voyons à présent. La mer de Tartarie est la mer Glaciale, qui n'est pas navigable; et quoique ce pays soit arrosé par quelques-uns des plus grands fleuves du monde, cependant ils sont à une trop grande distance l'un de l'autre pour que la majeure partie du pays puisse en profiter pour les communications et le commerce. Il n'y a en Afrique aucun de ces grands golfes, comme les mers Baltique et Adriatique en Europe, les mers Noire et Méditerranée en Asie et en Europe, et les golfes Arabique, Persique, ceux de l'Inde, du Bengale et de Siam, en Asie, pour porter le commerce maritime dans les parties intérieures de ce vaste continent; et les grands fleuves de l'Afrique se trouvent trop éloignés les uns des autres, pour donner lieu à aucune navigation intérieure un peu importante. D'ailleurs, le commerce qu'une nation peut établir par le moyen d'un fleuve qui ne se partage pas en un grand nombre de branches ou de canaux et qui, avant de se jeter dans la mer, traverse un territoire étranger, ne peut jamais être un commerce considérable, parce que le peuple qui possède ce territoire étranger est toujours maître d'arrêter la communication entre cette autre nation et la mer. La navigation du Danube est d'une très faible utilité aux différents États qu'il traverse, tels que la Bavière, l'Autriche et la

Hongrie, en comparaison de ce qu'elle pourrait être si quelqu'un de ces États possédait la totalité du cours de ce fleuve jusqu'à son embouchure dans la mer Noire.

IV

La division du travail une fois généralement établie, chaque homme ne produit plus par son travail que de quoi satisfaire une très petite partie de ses besoins. La plus grande partie ne peut être satisfaite que par l'échange du surplus de ce produit qui excède sa consommation, contre un pareil surplus du travail des autres. Ainsi, chaque homme subsiste d'échanges et devient une espèce de marchand, et la société elle-même est proprement une société commerçante.

Mais dans les commencements de l'établissement de la division du travail, cette faculté d'échanger dut éprouver de fréquents embarras dans ses opérations. Un homme, je suppose, a plus d'une certaine denrée qu'il ne lui en faut, tandis qu'un autre en manque. En conséquence, le premier serait bien aise d'échanger une partie de ce superflu, et le dernier ne demanderait pas mieux que de l'acheter. Mais si par malheur celui-ci ne possède rien dont l'autre ait besoin, il ne pourra pas se faire d'échange entre eux. Le boucher a dans sa boutique plus de

viande qu'il n'en peut consommer ; le brasseur
et le boulanger en achèteraient volontiers une
partie, mais ils n'ont pas autre chose à offrir en
échange que les différentes denrées de leur
négoce, et le boucher est déjà pourvu de tout
le pain et de toute la bière dont il a besoin pour
le moment. Dans ce cas-là, il ne peut y avoir
lieu entre eux à un échange. Il ne peut être
leur vendeur, et ils ne peuvent être ses cha-
lands ; et tous sont dans l'impossibilité de se
rendre mutuellement service. Pour éviter les
inconvénients de cette situation, tout homme
prévoyant, dans chacune des périodes de la société qui suivirent le premier établissement de
la division du travail, dut naturellement tâcher
de s'arranger pour avoir par devers lui, dans
dans tous les temps, outre le produit particulier de sa propre industrie, une certaine quantité de quelque marchandise qui fût, selon lui,
de nature à convenir à tant de monde, que peu
de gens fussent disposés à la refuser en échange
du produit de leur industrie.

Il est vraisemblable qu'on songea, pour cette
nécessité, à différentes denrées qui furent successivement employées. Dans les âges barbares,
on dit que le bétail fut l'instrument ordinaire
du commerce ; et quoique ce dût être un des
moins commodes, cependant, dans les anciens
temps, nous trouvons souvent les choses éva-
luées par le nombre de bestiaux donnés en
échange pour les obtenir. L'armure de Diomède,

dit Homère, ne coûtait que neuf bœufs ; mais celle de Glaucus en valait cent. On dit qu'en Abyssinie le sel est l'instrument ordinaire du commerce et des échanges ; dans quelques contrées de la côte de l'Inde, c'est une espèce de coquillage ; à Terre-Neuve, c'est de la morue sèche ; en Virginie, du tabac ; dans quelques-unes de nos colonies des Indes occidentales, on emploie le sucre à cet usage, et dans quelques autres pays, des peaux ou du cuir préparé ; enfin, il y a encore aujourd'hui un village en Écosse, où il n'est pas rare, à ce qu'on m'a dit, de voir un ouvrier porter au cabaret ou chez le boulanger des clous au lieu de monnaie.

Cependant, des raisons irrésistibles semblent, dans tous les pays, avoir déterminé les hommes à adopter les métaux pour cet usage, par préférence à toute autre denrée. Les métaux non seulement ont l'avantage de pouvoir se garder avec aussi peu de déchet que quelque autre denrée que ce soit, aucune n'étant moins périssable qu'eux, mais encore ils peuvent se diviser sans perte en autant de parties qu'on veut, et ces parties, à l'aide de la fusion, peuvent être de nouveau réunies en masse ; qualité que ne possède aucune autre denrée aussi durable qu'eux, et qui, plus que toute autre qualité, en fait les instruments les plus propres au commerce et à la circulation. Un homme, par exemple, qui voulait acheter du sel et qui n'avait que du bétail à donner en échange, était obligé d'en acheter pour toute la valeur d'un bœuf ou d'un mouton à la fois. Il était rare qu'il pût en acheter moins, parce que ce qu'il avait à donner en échange pouvait très rarement se diviser sans perte ; et s'il avait eu envie d'en acheter davantage, il était, par les mêmes raisons, forcé d'en acheter une quantité double ou triple, c'est-à-dire pour la valeur de deux ou trois bœufs ou bien de deux ou trois moutons. Si, au contraire, au lieu de bœufs ou de moutons, il avait eu des métaux à donner en échange, il lui aurait été facile de proportionner la quantité du métal à la quantité précise de denrées dont il avait besoin pour le moment,

Différentes nations ont adopté pour cet usage différents métaux. Le fer fut l'instrument ordinaire du commerce chez les Spartiates, le cuivre chez les premiers Romains, l'or et l'argent chez les peuples riches et commerçants.

Il paraît que, dans l'origine, ces métaux furent employés à cet usage, en barres informes, sans marque ni empreinte. Aussi Pline (1) nous rapporte, d'après l'autorité de Timée, ancien historien, que les Romains, jusqu'au temps de Servius Tullius, n'avaient pas de monnaie frappée, mais qu'ils faisaient usage de barres de cuivre sans empreinte, pour acheter tout ce dont ils avaient besoin. Ces barres faisaient donc alors fonction de monnaie.

(1) Pline, *Histoire naturelle*, livre XXXIII, chap. III.

L'usage des métaux dans cet état informe en-
traînait avec soi deux grands inconvénients :
d'abord, l'embarras de les peser, et ensuite
celui de les essayer. Dans les métaux précieux,
où une petite différence dans la quantité fait une
grande différence dans la valeur, le pesage exact
exige des poids et des balances fabriqués avec
grand soin. C'est, en particulier, une opération
assez délicate que de peser de l'or. A la vérité,
pour les métaux grossiers, où une petite erreur
serait de peu d'importance, il n'est pas besoin
d'une aussi grande attention. Cependant, nous
trouverions excessivement incommode qu'un
pauvre homme fût obligé de peser un liard
chaque fois qu'il a besoin d'acheter ou de
vendre pour un liard de marchandise. Mais
l'opération de l'essai est encore bien plus longue
et bien plus difficile ; et à moins de fondre une
portion du métal au creuset avec des dissolvants
convenables, on ne peut tirer de l'essai que des
conclusions fort incertaines. Pourtant, avant
l'institution des pièces monnayées, à moins d'en
passer par cette longue et difficile opération, on
se trouvait à tout moment exposé aux fraudes
et aux plus grandes friponneries, et on pouvait
recevoir en échange de ses marchandises, au lieu
d'une livre pesant d'argent fin ou de cuivre pur,
une composition falsifiée avec les matières les
plus grossières et les plus viles, portant à l'exté-
rieur l'apparence de ces métaux. C'est pour prévenir de tels abus, pour faciliter les échanges

et encourager tous les genres de commerce et d'industrie, que les pays qui ont fait quelques progrès considérables vers l'opulence ont trouvé nécessaire de marquer d'une empreinte publique certaines quantités de métaux particuliers dont ils avaient coutume de se servir pour l'achat des denrées. De là l'origine de la monnaie frappée et des établissements publics destinés à la fabrication des monnaies ; institution qui est précisément de la même nature que les offices des auneurs et marqueurs publics des draps et des toiles. Tous ces offices ont également pour objet d'attester, par le moyen de l'empreinte publique, la qualité uniforme ainsi que la quantité de ces diverses marchandises quand elles sont mises au marché.

Il paraît que les premières empreintes publiques qui furent frappées sur les métaux courants n'eurent, la plupart du temps, d'autre objet que de rectifier ce qui était à la fois le plus difficile à connaître et ce dont il était le plus important de s'assurer, savoir la bonté ou le degré de pureté du métal. Elles devaient ressembler à cette marque sterling qu'on imprime aujourd'hui sur la vaisselle et les lingots d'argent, ou à cette empreinte espagnole qui se trouve quelquefois sur les lingots d'or ; ces empreintes, n'étant frappées que sur un côté de la pièce et n'en couvrant pas toute la surface, certifient bien le degré de fin, mais non le poids du métal. Abraham pèse à Éphron les quatre cents sicles

d'argent qu'il était convenu de lui payer pour
le champ de Macpelah. Quoiqu'ils passassent
pour la monnaie courante du marchand, ils
étaient reçus néanmoins au poids et non par
compte, comme le sont aujourd'hui les lingots
d'or et d'argent. On dit que les revenus de nos
anciens rois saxons étaient payés, non en monnaie, mais en nature, c'est-à-dire en vivres et
provisions de toute espèce. Guillaume le Conquérant introduisit la coutume de les payer en
monnaie ; mais pendant longtemps cette monnaie fut reçue, à l'Échiquier, au poids et non par
compte.

La difficulté et l'embarras de peser ces métaux avec exactitude donna lieu à l'institution du
coin, dont l'empreinte, couvrant entièrement les
deux côtés de la pièce et quelquefois aussi la
tranche, est censée certifier, non seulement le
titre, mais encore le poids du métal. Alors ces
pièces furent reçues par compte, comme aujourd'hui, sans qu'on prît la peine de les peser.

Originairement, les dénominations de ces
pièces exprimaient, à ce qu'il me semble, leur
poids ou la quantité du métal qu'elles conte-
naient. Au temps de Servius Tullius, qui le premier fit battre monnaie à Rome, l'*as* romain ou
la *livre* contenait le poids d'une livre romaine
de bon cuivre. Elle était divisée, comme notre
livre de Troy, en douze onces, dont chacune
contenait une once véritable de bon cuivre. La *livre*
sterling d'Angleterre, au temps d'Édouard Ier,

contenait une livre (poids de la Tour) d'argent
d'un titre connu. La livre de la Tour paraît
avoir été quelque chose de plus que la livre romaine, et quelque chose de moins que la livre
de Troy. Ce ne fut qu'à la dix-huitième année
du règne de Henri VIII que cette dernière fut
introduite à la monnaie d'Angleterre. La *livre*
de France, au temps de Charlemagne, contenait
une livre, poids de Troyes, d'argent d'un titre
déterminé. La·foire de Troyes, en Champagne,
était alors fréquentée par toutes les nations de
l'Europe, et les poids et mesures d'un marché si
célèbre étaient connus et évalués par tout le
monde. La monnaie d'Écosse, appelée *livre*
depuis le temps d'Alexandre Ier jusqu'à celui de
Robert Bruce, contenait une livre d'argent du
même poids et du même titre que la livre sterling d'Angleterre. Le *penny* ou *denier* d'Angleterre, celui de France et celui d'Écosse, conte-
naient tous de même, dans l'origine, un denier
réel pesant d'argent, c'est-à-dire la vingtième
partie d'une once, et la deux cent quarantième
partie d'une livre. Le *shelling* ou *sou* semble aussi
d'abord avoir été la dénomination d'un poids.
« Quand le froment est à 12 shellings le *quar-
ter*, dit un ancien statut de Henri III, alors le
pain d'un *farthing* doit peser 11 shellings
4 pence. » Toutefois, il paraît que le shelling ne
garda pas, soit avec le penny d'un côté, soit
avec la livre de l'autre, une proportion aussi
constante et aussi uniforme que celle que conser-

vèrent entre eux le penny et la livre. Sous la
première race des rois de France, le *shelling* ou
sou français paraît en différentes occasions avoir
contenu cinq, douze, vingt et quarante deniers.
Chez les anciens Saxons, on voit le shilling, dans
un temps, ne contènir que cinq pence ou deniers,
et il n'est pas hors de vraisemblance qu'il aura été
aussi variable chez eux que chez leurs voisins
les anciens Francs. Chez les Français, depuis
Charlemagne, et chez les Anglais, depuis Guillaume le Conquérant, la proportion entre la
livre, le shilling et le denier ou penny, paraît
avoir été uniformément la même qu'à présent,
quoique la valeur de chacun ait beaucoup varié;
car je crois que, dans tous les pays du monde,
la cupidité et l'injustice des princes et des gouvernements, abusant de la confiance des sujets,
ont diminué par degrés la quantité réelle de
métal qui avait été d'abord contenue dans les
monnaies. L'as romain, dans les derniers temps
de la république, était réduit à un vingt-qua-
trième de sa valeur primitive, et au lieu de peser
une livre, il vint à ne plus peser qu'une demi-
once. La livre et le penny anglais ne contiennent plus aujourd'hui qu'un tiers environ
de leur valeur originaire; la livre et le penny
ou denier français, qu'à peu près un soixante-
sixième. Au moyen de ces opérations, les princes
et les gouvernements qui y ont eu recours se
sont, en apparence, mis en état de payer leurs
dettes et de remplir leurs engagements avec

une quantité d'argent moindre que celle qu'il
en aurait fallu sans cela; mais ce n'a été qu'en
apparence, car leurs créanciers ont été, dans la
réalité, frustrés d'une partie de ce qui leur était
dû. Le même privilège se trouva accordé à tous
les autres débiteurs dans l'État, et ceux-ci se
trouvèrent en état de payer, avec la même
somme nominale de cette monnaie nouvelle et
dégradée, tout ce qui leur avait été prêté en ancienne monnaie. De. telles opérations ont donc
toujours été favorables aux débiteurs et rui-
neuses pour les créanciers, et elles ont quelquefois produit dans les fortunes des particuliers
des révolutions plus funestes et plus générales
que n'aurait pu faire une très grande calamité
publique.

C'est de cette manière que la monnaie est
devenue chez tous les peuples civilisés l'instrument universel du commerce, et que les marchandises de toute espèce se vendent et s'achètent, ou bien s'échangent l'une contre l'autre, par
son intervention.

Les trois chapitres suivants sont une des
parties de l'ouvrage où Ad. Smith a montré
le plus de sagacité et d'application. Mais
comme la matière a été étudiée avec soin par
tous les économistes postérieurs, son exposition a vieilli. Nous n'emprunterons que
quelques passages à cette partie de son livre.

Voici en quels termes il définit le point de vue auquel il s'est placé :

Il s'agit maintenant d'examiner quelles sont les règles que les hommes observent naturellement, en échangeant les marchandises l'une contre l'autre, ou contre de l'argent. Ces règles déterminent ce qu'on peut appeler la *Valeur relative* ou *d'échange* des marchandises.

Il faut observer que le mot *valeur* a deux significations différentes ; quelquefois il signifie l'utilité d'un objet particulier, et quelquefois il signifie la faculté que donne la possession de cet objet d'en acheter d'autres marchandises. On peut appeler l'une, *Valeur en usage*, et l'autre, *Valeur en échange*. — Des choses qui ont la plus grande valeur en usage n'ont souvent que peu ou point de valeur en échange ; et au contraire, celles qui ont la plus grande valeur en échange n'ont souvent que peu ou point de valeur en usage. Il n'y a rien de plus utile que l'eau, mais elle ne peut presque rien acheter ; à peine y a-t-il moyen de rien avoir en échange. Un diamant, au contraire, n'a presque aucune valeur quant à l'usage, mais on trouvera fréquemment à l'échanger contre une très grande quantité d'autres marchandises.

Pour éclaircir les principes qui déterminent la *valeur en échange* des marchandises, je tâcherai d'établir :

Premièrement, quelle est la véritable mesure

de cette *valeur en échange*, ou en quoi consiste le *prix réel* des marchandises ;

Secondement, quelles sont les différentes parties intégrantes qui composent ce prix réel;

Troisièmement enfin, quelles sont les différentes circonstances qui tantôt élèvent quelqu'une ou la totalité de ces différentes parties du prix au-dessus de leur taux naturel ou ordinaire, et tantôt les abaissent au-dessous de ce taux, ou bien quelles sont les causes qui empê-chent que le *prix de marché*, c'est-à-dire le prix actuel des marchandises, ne coïncide exactement avec ce qu'on peut appeler leur prix naturel.

Je tâcherai de traiter ces trois points avec toute l'étendue et la clarté possibles dans les trois chapitres suivants, pour lesquels je demande bien instamment la patience et l'attention du lecteur : sa patience pour me suivre dans des détails qui, en quelques endroits, lui paraîtront peut-être ennuyeux; et son attention, pour comprendre ce qui semblera peut-être encore quelque peu obscur, malgré tous les efforts que je ferai pour être intelligible. Je courrai volontiers le risque d'être trop long, pour chercher à me rendre clair ; et après que j'aurai pris toute la peine dont je suis capable pour répandre de la clarté sur un sujet qui, par sa nature, est aussi abstrait, je ne serai pas encore sûr qu'il n'y reste quelque obscurité.

———

V

DU PRIX RÉEL ET DU PRIX NOMINAL DES MARCHANDISES, OU DE LEUR PRIX EN TRAVAIL ET DE LEUR PRIX EN ARGENT.

Un homme est riche ou pauvre, suivant les moyens qu'il a de se procurer les choses nécessaires, commodes ou agréables de la vie. Mais la division une fois établie dans toutes les branches du travail, il n'y a qu'une partie extrêmement petite de toutes ces choses qu'un homme puisse obtenir directement par son travail; c'est du travail d'autrui qu'il lui faut attendre la plus grande partie de toutes ces jouissances; ainsi, il sera riche ou pauvre, selon la quantité de travail qu'il pourra commander ou qu'il sera en état d'acheter.

Ainsi, la *valeur* d'une denrée quelconque pour celui qui la possède et qui n'entend pas en user ou la consommer lui-même, mais qui a intention de l'échanger pour autre chose, est égale à la quantité de *travail* que cette denrée le met en état d'acheter ou de commander.

Le *travail* est donc la mesure réelle de la *valeur en échange* de toute marchandise.

Le *prix réel* de chaque chose, ce que chaque

chose coûte réellement à celui qui veut se la procurer, c'est le travail et la peine qu'il doit s'imposer pour l'obtenir. Ce que chaque chose vaut réellement pour celui qui l'a acquise et qui cherche à en disposer ou à l'échanger pour quelque autre objet, c'est la peine et l'embarras que la possession de cette chose peut lui épargner et qu'elle lui permet d'imposer à d'autres personnes. Ce qu'on achète avec de l'argent ou des marchandises est acheté par du travail, aussi bien que ce que nous acquérons à la sueur de notre front. Cet argent et ces marchandises nous épargnent, dans le fait, cette fatigue. Elles contiennent la valeur d'une certaine quantité de travail, que nous échangeons pour ce qui est supposé alors contenir la valeur d'une quantité égale de travail. Le travail a été le premier prix, la monnaie payée pour l'achat primitif de toutes choses. Ce n'est point avec de l'or ou de l'argent, c'est avec du travail que toutes les richesses du monde ont été achetées originairement; et leur valeur pour ceux qui les possèdent et qui cherchent à les échanger contre de nouvelles productions, est précisément égale à la quantité de travail qu'elles les mettent en état d'acheter ou de commander.

Richesse, c'est *pouvoir*, a dit Hobbes; mais celui qui acquiert une grande fortune ou qui l'a reçue par héritage n'acquiert par là nécessairement aucun pouvoir politique, soit civil, soit militaire. Peut-être sa fortune pourra-t-elle lui fournir les moyens d'acquérir l'un ou l'autre de ces pouvoirs, mais la simple possession de cette fortune ne les lui transmet pas nécessairement. Le genre de pouvoir que cette possession lui transmet immédiatement et directement, c'est le pouvoir d'acheter; c'est un droit de commandement sur tout le travail d'autrui, ou sur tout le produit de ce travail existant alors au marché. Sa fortune est plus ou moins grande exactement en proportion de l'étendue de ce pouvoir, en proportion de la quantité du travail d'autrui qu'elle le met en état de commander, ou, ce qui est la même chose, du produit du travail d'autrui qu'elle le met en état d'acheter. La valeur en échange d'une chose quelconque doit nécessairement toujours être précisément égale à la quantité de cette sorte de pouvoir qu'elle transmet à celui qui la possède.

Mais, quoique le travail soit la mesure réelle de la valeur en échange de toutes les marchandises, ce n'est pourtant pas celle qui sert communément à apprécier cette valeur. Il est souvent difficile de fixer la proportion entre deux différentes quantités de travail. Cette proportion ne se détermine pas toujours seulement par le temps qu'on a mis à deux différentes sortes d'ouvrages. Il faut aussi tenir compte des différents degrés de fatigue qu'on a endurés et de l'habileté qu'il a fallu déployer. Il peut y avoir plus de travail dans une heure d'ouvrage pénible que dans deux heures de besogne aisée, ou dans une heure d'application à un métier qui a coûté dix années de travail à apprendre, que dans un mois d'application d'un genre ordinaire et à laquelle tout le monde est propre. Or, il n'est pas aisé de trouver une mesure exacte applicable au travail ou au talent. Dans le fait, on tient pourtant compte de l'une et de l'autre quand on échange ensemble les productions de deux différents genres de travail. Toutefois, ce compte-là n'est réglé sur aucune balance exacte; c'est en marchandant et en débattant les prix de marché qu'il s'établit, d'après cette grosse équité qui, sans être fort exacte, l'est bien assez pour le train des affaires communes de la vie.

D'ailleurs, chaque marchandise est plus fréquemment échangée et, par conséquent, comparée, avec d'autres marchandises qu'avec du travail. Il est donc plus naturel d'estimer sa valeur échangeable par la quantité de quelque autre denrée que par celle du travail qu'elle peut acheter. Aussi, la majeure partie du peuple entend bien mieux ce qu'on veut dire par telle quantité d'une certaine denrée, que par telle quantité de travail. La première est un objet simple et palpable; l'autre est une notion abstraite, qu'on peut bien rendre assez intelligible, mais qui n'est d'ailleurs ni aussi commune ni aussi évidente.

Mais quand les échanges ne se font plus immédiatement, et que l'argent est devenu l'instrument général du commerce, chaque marchandise particulière est plus souvent échangée contre de l'argent que contre toute autre marchandise. Le boucher ne porte guère son bœuf ou son mouton au boulanger ou au marchand de bière pour l'échanger contre du pain ou de la bière ; mais il le porte au marché, où il l'échange contre de l'argent, et ensuite il échange cet argent contre du pain et de la bière. La quantité d'argent que sa viande lui rapporte détermine aussi la quantité de pain et de bière qu'il pourra ensuite acheter avec cet argent. Il est donc plus clair et plus simple pour lui d'estimer la valeur de sa viande par la quantité d'argent, qui est la marchandise contre laquelle il l'échange immédiatement, que par la quantité de pain et de bière, qui sont des marchandises contre lesquelles il ne peut l'échanger que par l'intermédiaire d'une autre marchandise ; il est plus naturel pour lui de dire que sa viande vaut trois ou quatre pence la livre, que de dire qu'elle vaut trois ou quatre livres de pain, ou trois ou quatre pots de bière. — De là vient qu'on estime plus souvent la valeur échangeable de chaque marchandise par la quantité de Travail ou de toute autre Marchandise qu'on pourrait avoir en échange.

Cependant l'Or et l'Argent, comme toute autre marchandise, varient dans leur valeur ; ils sont tantôt à meilleur marché ; ils sont quelquefois plus faciles à acheter, quelquefois plus difficiles. La quantité de travail que peut acheter ou commander une certaine quantité de ces métaux, ou bien la quantité d'autres marchandises qu'elle peut obtenir en échange, dépend toujours de la fécondité ou de la stérilité des mines exploitées dans le temps où se font ces échanges. Dans le seizième siècle, la découverte des mines fécondes de l'Amérique réduisit la valeur de l'or et de l'argent, en Europe, à un tiers environ de ce qu'elle avait été auparavant. Ces métaux, coûtant alors moins de travail pour être apportés de la mine au marché, ne purent plus acheter ou commander, quand ils furent venus, qu'une moindre quantité de travail, et cette révolution dans leur valeur, quoique peut-être la plus forte, n'est pourtant pas la seule dont l'his'oire nous ait laissé des témoignages. Or, de même qu'une mesure de quantité, telle que le pied naturel, la coudée ou la poignée, qui varie elle-même de grandeur dans chaque individu, ne saurait jamais être une mesure exacte de la quantité des autres choses, de même une marchandise qui varie elle-même à tout moment dans sa propre valeur ne saurait être non plus une mesure exacte de la valeur des autres marchandises.

Des quantités égales de travail doivent être, dans tous les temps et dans tous les lieux, d'une valeur égale pour le travailleur. Dans son état habituel de santé, de force et d'activité, et d'après le degré ordinaire d'habileté ou de dextérité qu'il peut avoir, il faut toujours qu'il sacrifie la même portion de son repos, de sa liberté, de son bonheur. Quelle que soit la quantité de denrées qu'il

reçoive en récompense de son travail, le prix
qu'il paye est toujours le même. Ce prix, à la
vérité, peut acheter tantôt une plus grande,
tantôt une moindre quantité de ces denrées;
mais c'est la valeur de celles-ci qui varie, et
non celle du travail qui les achète. En tous
temps et en tous lieux, ce qui est difficile à
obtenir ou ce qui coûte beaucoup de travail à
acquérir est *cher*, et ce qu'on peut se procurer
aisément ou avec peu de travail est *à bon marché*.

Ainsi, le travail, ne variant jamais dans sa
valeur propre, est la seule mesure réelle et définitive qui puisse servir, dans tous les temps et
dans tous les lieux, à apprécier et à comparer
la valeur de toutes les marchandises. Il est leur
prix réel; l'argent n'est que leur *prix nominal.*

Mais, quoique les quantités égales de travail
soient toujours d'une valeur égale pour celui
qui travaille, cependant, pour celui qui emploie
l'ouvrier, elles paraissent tantôt d'une plus
grande, tantôt d'une moindre valeur. Le dernier
achète ces quantités de travail, tantôt avec une
plus grande, tantôt avec une plus petite quantité
de marchandises; et pour lui le prix du travail
paraît varier comme celui de toute autre chose.
Il lui semble *cher* dans un cas, et *à bon marché*
dans l'autre. Dans la réalité pourtant, ce sont
les marchandises qui sont à bon marché dans
un cas, et chères dans l'autre.

Ainsi, dans cette acception vulgaire, on peut
dire du travail, comme des autres marchandises,

qu'il y a un *prix réel* et un *prix nominal*. On peut dire que son *prix réel* consiste dans la quantité de choses nécessaires et commodes qu'on donne pour le payer, et son *prix nominal* dans la quantité d'argent. L'ouvrier est riche ou pauvre, il est bien ou mal récompensé, en proportion du *prix réel*, et non du *prix nominal*, de son travail.

La distinction entre le prix réel et le prix nominal des marchandises et du travail n'est pas une affaire de pure spéculation, mais elle peut être quelquefois d'un usage important dans la pratique. Le même prix réel est toujours de même valeur; mais au moyen des variations dans la valeur de l'or et de l'argent, le même prix nominal exprime souvent des valeurs fort différentes. Ainsi, quand une propriété foncière est aliénée sous la réserve d'une rente perpétuelle, si l'on veut que cette rente conserve toujours la même valeur, il est important, pour la famille au profit de laquelle la rente est réservée, que cette rente ne soit pas stipulée en une somme d'argent fixe. Sa valeur, dans ce cas, serait sujette à éprouver deux espèces de variations : premièrement, celles qui proviennent des différentes quantités d'or et d'argent qui sont contenues, en différents temps, dans les monnaies de même dénomination; secondement, celles qui proviennent des différences dans la valeur des quantités égales d'or et d'argent à différentes époques.

Les princes et les gouvernements se sont souvent imaginé qu'il était de leur intérêt du moment de diminuer la quantité de métal pur contenu dans leurs monnaies; mais on ne voit guère qu'ils se soient jamais imaginé avoir quelque intérêt à l'augmenter. En conséquence, je crois que, chez toutes les nations, la quantité de métal pur contenue dans les monnaies a été à peu près continuellement en diminuant, et presque jamais en augmentant. Ainsi, les variations de cette espèce tendent presque toujours à diminuer la valeur d'une rente en argent.

VI

DES PARTIES CONSTITUANTES DU PRIX
DES MARCHANDISES.

Dans ce premier état informe de la société, qui précède l'accumulation des capitaux et l'appropriation du sol, la seule circonstance qui puisse fournir quelque règle pour les échanges, c'est, à ce qu'il semble, la quantité de travail nécessaire pour acquérir les différents objets d'échange. Par exemple, chez un peuple de chasseurs, s'il en coûte habituellement deux fois plus de peine pour tuer un castor que pour tuer un daim, naturellement un castor s'échangera contre deux daims ou vaudra deux daims. Il est naturel que ce qui est ordinairement le produit de deux jours ou de deux heures de travail vaille le double de ce qui est ordinairement le produit d'un jour ou d'une heure de travail.

Si une espèce de travail était plus rude que l'autre, on tiendrait naturellement compte de cette augmentation de fatigue, et le produit d'une heure de ce travail plus rude pourrait souvent s'échanger contre le produit de deux heures de l'autre espèce de travail. De même, si une espèce de travail exige un degré peu ordinaire d'habileté ou d'adresse, l'estime que les hommes ont pour ces talents ajoutera naturellement à leur produit une valeur supérieure à ce qui serait dû pour le temps employé au travail. Il est rare que de pareils talents s'acquièrent autrement que par une longue application, et la valeur supérieure qu'on attribue à leur produit n'est souvent qu'une compensation raisonnable du temps et de la peine qu'on a mis à les acquérir.

Dans l'état avancé de la société, on tient communément compte, dans les salaires du travail, de ce qui est dû à la supériorité d'adresse ou de fatigue, et il est vraisemblable qu'on en a agi à peu près de même dans la première enfance des sociétés.

Dans cet état de choses, le produit du travail appartient tout entier au travailleur, et la quantité de travail communément employée à acquérir ou à produire un objet échangeable est la seule circonstance qui puisse régler la quantité de travail que cet objet devra communément acheter, commander ou obtenir en échange.

Aussitôt qu'il y aura des capitaux accumulés dans les mains de quelques particuliers, certains d'entre eux emploieront naturellement ces capitaux à mettre en œuvre des gens industrieux, auxquels ils fourniront des matériaux et des substances, afin de faire un Profit sur la vente de leurs produits, ou sur ce que le travail de ces ouvriers ajoute de valeur aux matériaux. Quand l'ouvrage fini est échangé, ou contre de l'argent, ou contre du travail, ou contre d'autres marchandises, il faut bien qu'en outre de ce qui pourrait suffire à payer le prix des matériaux et les salaires des ouvriers, il y ait encore quelque chose de donné pour les Profits de l'entrepreneur de l'ouvrage, qui hasarde ses capitaux dans cette affaire. Ainsi, la valeur que les ouvriers ajoutent à la matière se résout alors en deux parties, dont l'une paye leurs salaires, et l'autre les profits que fait l'entrepreneur sur la somme des fonds qui lui ont servi à avancer ces salaires et la matière à travailler. Il n'aurait pas d'intérêt à employer ces ouvriers, s'il n'attendait pas de la vente de leur ouvrage quelque chose de plus que le remplacement de son capital, et il n'aurait pas d'intérêt à employer un grand capital plutôt qu'un petit, si ses profits n'étaient pas en rapport avec l'étendue du capital employé.

Les Profits, dira-t-on peut-être, ne sont autre chose qu'un nom différent donné aux salaires d'une espèce particulière de travail, le travail d'inspection et de direction. Ils sont cependant d'une nature absolument différente des salaires; ils se règlent sur des principes entièrement différents, et ne sont nullement en rapport avec la quantité et la nature de ce prétendu travail d'inspection et de direction. Ils se règlent en entier sur la valeur du capital employé, et ils sont plus ou moins forts, à proportion de l'étendue de ce capital. Supposons, par exemple, que dans une certaine localité où les profits des fonds employés dans les manufactures sont communément de 10 p. 100 par an, il y ait deux manufactures différentes, chacune desquelles emploie vingt ouvriers à raison de 15 livres par an chacun, soit une dépense de 300 livres par an pour chaque atelier ; supposons encore que la matière première de peu de valeur, employée annuellement dans l'une, coûte seulement 700 livres, tandis que dans l'autre on emploie des matières plus précieuses qui coûtent 7,000 livres ; le capital annuellement employé dans l'une sera, dans ce cas, de 1,000 livres seulement, tandis que celui employé dans l'autre s'élèvera à 7,300 livres. Or, au taux de 10 p. 100, l'entrepreneur de l'une comptera sur un profit annuel d'environ 100 livres seulement, tandis que l'entrepreneur de l'autre s'attendra à un bénéfice d'environ 730 livres. Mais, malgré cette différence énorme dans leurs profits, il se peut que leur travail d'inspection et de direction soit tout à fait le même ou à peu près l'équivalent. Dans beaucoup de grandes fabriques, souvent presque tout le travail de ce genre est confié à un premier commis. Ses appointements expriment réellement la valeur de ce travail d'inspection et de direction. Quoique, en fixant ce salaire, on ait communément quelque égard, non seulement à son travail et à son degré d'intelligence, mais encore au degré de confiance que son emploi exige, cependant ses appointements ne sont jamais en proportion réglée avec le capital dont il surveille la régie ; et le propriétaire de ce capital, bien qu'il se trouve par là débarrassé de presque tout le travail, n'en compte pas moins que ses profits seront en proportion réglée avec son capital. Ainsi, dans le prix des marchandises, les profits des fonds ou capitaux sont une part constituante dans la valeur, entièrement indifférente des salaires du travail, et réglée sur des principes tout à fait différents.

Dans cet état de choses, le produit du travail n'appartient pas toujours tout entier à l'ouvrier. Il faut, le plus souvent, que celui-ci le partage avec le *propriétaire du capital* qui le fait travailler. Ce n'est plus alors la quantité de travail communément dépensée pour acquérir ou pour produire une marchandise, qui est la seule circonstance sur laquelle on doive régler la quantité de travail que cette marchandise pourra communément acheter, commander ou obtenir en échange. Il est clair qu'il sera encore dû une quantité additionnelle pour le profit du capital qui a avancé les salaires de ce travail et qui en a fourni les matériaux.

Dès l'instant que le sol d'un pays est devenu propriété privée, les propriétaires, comme tous les autres hommes, aiment à recueillir où ils n'ont pas semé, et ils demandent une Rente, même pour le produit naturel de la terre. Il s'établit un prix additionnel sur le bois des fo-

rêts, sur l'herbe des champs et sur tous les fruits
naturels de la terre, qui lorsqu'elle était pos-
sédée en commun, ne coûtaient à l'ouvrier que
la peine de les cueillir, et lui coûtent maintenant davantage. Il faut qu'il paye pour avoir la
permission de les recueillir, et il faut qu'il cède
au propriétaire du sol une portion de ce qu'il
recueille ou de ce qu'il produit par son travail.
Cette portion ou, ce qui revient au même, le
prix de cette portion constitue la Rente de la
terre (*rent of land*), et dans le prix de la plupart des marchandises, elle forme une troisième
partie constituante.

Il faut observer que la valeur réelle de toutes
les différentes parties constituantes du prix se
mesure par la quantité du travail que chacune
d'elles peut acheter ou commander. Le travail
mesure la valeur, non seulement de cette partie
du prix qui se résout en travail, mais encore de
celle qui se résout en rente, et de celle qui se
résout en profit.

Dans toute société, le prix de chaque marchandise se résout définitivement en quelqu'une
de ces trois parties ou en toutes trois, et dans
les sociétés civilisées, ces parties entrent toutes
trois, plus ou moins, dans le prix de la plupart
des marchandises, comme parties constituantes
de ce prix.

Dans le prix du blé, par exemple, une partie
paye la rente du propriétaire, une autre paye
les salaires ou l'entretien des ouvriers, ainsi que

des bêtes de labour et de charroi employées à produire le blé, et la troisième paye le profit du fermier.

Ces trois parties semblent constituer immédiatement ou en définitive la totalité du prix du blé. On pourrait peut-être penser qu'il faut y ajouter une quatrième partie, nécessaire pour remplacer le capital du fermier ou pour compenser le dépérissement de ses chevaux de labour et autres instruments d'agriculture. Mais il faut considérer que le prix de tout instrument de labourage, tel qu'un cheval de charrue, est lui-même formé de ces mêmes trois parties : la rente de la terre sur laquelle il a été élevé, le travail de ceux qui l'ont nourri et soigné, et les profits d'un fermier qui a fait les avances, tant de cette rente que des salaires de ce travail. Ainsi, quoique le prix du blé doive payer aussi bien le prix du cheval que son entretien, la totalité du prix de ce blé se résout toujours, soit immédiatement, soit en dernière analyse, dans ces mêmes trois parties, *rente*, *travail* et *profit*.

Dans le prix de la farine, il faut ajouter au prix du blé les profits du meunier et les salaires de ses ouvriers ; dans le prix du pain, les profits du boulanger et les salaires de ses garçons, et dans les prix de l'un et de l'autre, le travail de transporter le blé de la maison du fermier à celle du meunier, et de celle du meunier à celle du boulanger, ainsi que les profits de ceux qui avancent les salaires de ce travail.

Le prix du lin se résout dans les mêmes trois parties constituantes que celui du blé. Dans le prix de la toile, il faut comprendre le salaire de ceux qui sèment le lin, de ceux qui le filent, du tisserand, du blanchisseur, etc., et à tout cela ajouter les profits de ceux qui mettent en œuvre ces différents ouvriers.

A mesure qu'une marchandise particulière vient à être plus manufacturée, cette partie du prix qui se résout en *salaires* et en *profits* devient plus grande à proportion de la partie qui se résout en *rente*. A chaque transformation nouvelle d'un produit, non seulement le nombre des produits augmente, mais chaque profit subséquent est plus grand que le précédent, parce que le capital d'où il procède est nécessairement toujours plus grand. Le capital qui met en œuvre les tisserands, par exemple, est nécessairement plus grand que celui qui fait travailler les fileurs, parce que non seulement il remplace ce dernier capital avec ses profits, mais il paye encore, en outre, les salaires des tisserands; et, comme nous l'avons vu, il faut toujours que les profits soient en certaine proportion avec le capital.

Néanmoins, dans les sociétés les plus avancées, il y a toujours quelques marchandises, mais en petit nombre, dont le prix se résout en deux parties seulement, les salaires du travail et le profit du capital; et d'autres, en beaucoup plus petit nombre encore, dont le prix consiste

uniquement en salaires de travail. Dans le prix
du poisson de mer, par exemple, une partie paye
le travail des pêcheurs, et l'autre les profits du
capital placé dans la pêche. Il est rare que la
rente fasse partie de ce prix, quoique cela arrive
quelquefois, comme je le ferai voir par la suite.
Il en est autrement, au moins dans la plus grande
partie de l'Europe, quant aux pêches de rivière.
Une pêcherie de saumon paye une *rente*, et cette
rente, quoiqu'on ne puisse pas trop l'appeler
rente de terre, fait une des parties du prix du
saumon, tout aussi bien que les salaires et les
profits. Dans quelques endroits de l'Écosse, il y
a de pauvres gens qui font métier de chercher
le long des bords de la mer ces petites pierres
tachetées connues vulgairement sous le nom
de *cailloux d'Écosse*. Le prix que leur paye le
lapidaire est en entier le salaire de leur travail ;
il n'y entre ni rente ni profit.

Mais la totalité du prix de chaque marchandise doit toujours, en dernière analyse, se résoudre en quelqu'une de ces parties ou en toutes
trois, attendu que, quelque partie de ce prix
qui reste après le payement de la rente de la
terre et le prix de tout le travail employé à la
faire croître, à la manufacturer et à la conduire
au marché, il faut de toute nécessité que cette
partie soit le profit de quelqu'un.

De même que le prix ou la valeur échangeable
de chaque marchandise prise séparément se résout en l'une ou l'autre de ces parties consti-

tuantes ou en toutes trois, de même le prix de
toutes les marchandises qui composent la somme
totale du produit annuel de chaque pays, prises
collectivement et en masse, se résout nécessairement en ces mêmes trois parties, et doit se
distribuer entre les habitants du pays, soit
comme salaire de leur travail, soit comme profit
de leurs capitaux, soit comme rente de leurs
terres. La masse totale de ce que chacun recueille ou produit annuellement par son travail,
ou, ce qui revient au même, le prix entier de
cette masse, est primitivement distribué de cette
manière entre les différents membres de la société.

Salaire, *profit* et *rente* sont les trois sources
primitives de tout revenu, aussi bien que de
toute valeur échangeable. Tout autre revenu
dérive, en dernière analyse, de l'une ou de l'autre
de ces trois sources.

Quiconque subsiste d'un revenu qui lui appartient en propre doit tirer ce revenu ou de
son travail, ou d'un capital qui est à lui, ou
d'une terre qu'il possède. Le revenu qui procède du travail se nomme *salaire*. Celui qu'une
personne retire d'un capital qu'elle dirige ou
qu'elle emploie est appelé *profit*. Celui qu'en
retire une personne qui n'emploie pas elle-même
ce capital, mais qui le prête à une autre se
nomme *intérêt*. C'est une compensation que
l'emprunteur paye au prêteur, pour le profit
que l'usage de l'argent lui donne occasion de

fa're. Naturellement, une partie de ce profit appartient à l'emprunteur, qui court les risques de l'emploi et qui en a la peine, et une partie au prêteur, qui facilite au premier les moyens de faire ce profit. L'intérêt de l'argent est toujours un revenu secondaire qui, s'il ne se prend pas sur le profit que procure l'usage de l'argent, doit être payé par quelque autre source de revenu, à moins que l'emprunteur ne soit un dissipateur qui contracte une seconde dette pour payer l'intérêt de la première. Le revenu qui procède entièrement de la terre est appelé *rente* (rent), et appartient au propriétaire. Le revenu du fermier provient en partie de son travail, et en partie de son capital. La terre n'est pour lui que l'instrument qui le met à portée de gagner les salaires de ce travail et de faire profiter ce capital. Tous les impôts et tous les revenus qui en proviennent, les appointements, pensions et annuités de toutes sortes, sont en dernière analyse dérivés de l'une ou de l'autre de ces trois sources primitives de revenu, et sont payés, soit immédiatement, soit médiatement, ou avec des salaires de travail, ou avec des profits de capitaux, ou avec des rentes de terre.

Quand ces trois différentes sortes de revenus appartiennent à différentes personnes, on les distingue facilement ; mais quand ils appartiennent à la même personne, on les confond quelquefois l'un avec l'autre, au moins dans le langage ordinaire.

Un propriétaire (*gentleman*) qui exploite une partie de son domaine devra gagner, après le payement des frais de culture, et la rente du propriétaire et le profit du fermier. Cependant tout ce qu'il gagne de cette manière, il est porté à le nommer *profit*, et il confond ainsi la rente dans le profit, au moins dans le langage ordinaire. C'est le cas de la plupart de nos planteurs de l'Amérique septentrionale et des Indes occidentales ; la plupart d'entre eux exploitent leurs propres terres et, en conséquence, on nous parle souvent des *profits* d'une plantation, mais rarement de la *rente* qu'elle rapporte.

Il est rare que de petits fermiers emploient un inspecteur pour diriger les principales opérations de leur ferme. Ils travaillent eux-mêmes, en général, une bonne partie du temps, et mettent la main à la charrue, à la herse, etc. Ce qui reste de la récolte, la rente payée, doit remplacer, non seulement le capital qu'ils ont mis dans la culture avec ses profits ordinaires, mais encore leur payer les salaires qui leur sont dus, tant comme ouvriers que comme inspecteurs. Cependant ils appellent *profit* ce qui reste après la rente payée et le capital remplacé, quoique les salaires y entrent évidemment pour une partie. Le fermier, en épargnant la dépense de ces salaires, les gagne nécessairement pour lui-même. Aussi, dans ce cas, les salaires se confondent avec le profit.

Un ouvrier indépendant qui a un petit capital

suffisant pour acheter des matières et pour subsister jusqu'à ce qu'il puisse porter son ouvrage
au marché, gagnera à la fois les salaires du
journalier qui travaille sous un maître, et le
profit que ferait le maître sur l'ouvrage de celui-
ci. Cependant, la totalité de ce que gagne cet
ouvrier se nomme *profit*, et les salaires sont
encore ici confondus avec le profit.

Un jardinier qui cultive de ses propres mains
son jardin réunit à la fois dans sa personne les
trois différents caractères de propriétaire, de
fermier et d'ouvrier. Ainsi le produit de son
jardin doit lui payer la rente du premier, le
profit du second et le salaire du troisième.
Néanmoins, le tout est regardé communément
comme le fruit de son travail. Ici la rente et le
profit se confondent avec le salaire.

Comme dans un pays civilisé il n'y a que très
peu de marchandises dont toute la valeur échangeable procède du travail seulement, et que,
pour la très grande partie d'entre elles, la rente
et le profit y contribuent pour de fortes portions,
il en résulte que le produit annuel du travail
de ce pays suffira toujours pour acheter et commander une quantité de travail beaucoup plus
grande que celle qu'il a fallu employer pour
faire croître ce produit, le préparer et l'amener
au marché. Si la société employait annuellement
tout le travail qu'elle est en état d'acheter annuellement, comme la quantité de ce travail
augmenterait considérablement chaque année,

il s'ensuivrait que le produit de chacune des
années suivantes serait d'une valeur incompa-
rablement plus grande que celui de l'année précédente. Mais il n'y a aucun pays dont tout le
produit annuel soit employé à entretenir des
travailleurs. Partout les oisifs en consomment
une grande partie ; et selon les différentes proportions dans lesquelles ce produit se partage
entre ces deux différentes classes, les travailleurs et les oisifs, sa valeur ordinaire ou
moyenne doit nécessairement ou augmenter,
ou décroître, ou demeurer la même, d'une
année à l'autre.

VII

DES SALAIRES DU TRAVAIL.

Ce qui constitue la récompense naturelle ou le salaire du travail, c'est le produit du travail.

Dans cet état primitif qui précède l'appropriation des terres et l'accumulation des capitaux, le produit entier du travail appartient à l'ouvrier. Il n'a ni propriétaire ni maître avec qui il doive partager.

Si cet état eût été continué, le salaire du travail aurait augmenté avec tout cet accroissement de la puissance productive du travail, auquel donne lieu la division du travail. Toutes les choses seraient devenues, par degrés, de moins en moins chères. Elles auraient été produites par de moindres quantités de travail, et elles auraient été pareillement achetées avec le produit de moindres quantités, puisque, dans cet état de choses, des marchandises produites par des quantités égales de travail se seraient naturellement échangées l'une contre l'autre.

Mais quoique, dans la réalité, toutes les choses fussent devenues à meilleur marché, cependant il y aurait eu beaucoup de choses qui, en apparence, seraient devenues plus chères qu'auparavant, et qui auraient obtenu en échange une plus grande quantité d'autres marchandises. Supposons, par exemple, que, dans la plupart des branches d'industrie, la puissance productive du travail ait augmenté dans la proportion de dix à un, c'est-à-dire que le travail d'un jour produise actuellement dix fois autant d'ouvrage qu'il en aurait produit dans l'origine ; supposons en outre que, dans un emploi particulier, ces facultés n'aient fait de progrès que comme deux à un, c'est-à-dire que, dans une industrie particulière, le travail d'une journée produise actuellement deux fois autant d'ouvrage qu'il en aurait produit dans l'origine ; supposons en outre que, dans un emploi particulier, ces facultés n'aient fait de progrès que comme deux à un, c'est-à-dire que, dans une industrie particulière, le travail d'une journée produise seulement deux fois plus d'ouvrage qu'il n'aurait fait anciennement. En échangeant le produit du travail d'un jour, dans la plupart des industries, contre le produit du travail d'un jour dans cet emploi particulier, on donnera dix fois la quantité primitive d'ouvrage que produisaient ces industries, pour acheter seulement le double de la quantité primitive de l'autre. Ainsi une quantité particulière, une livre pesant, par exemple, de cette dernière espèce d'ouvrage, paraîtra être cinq fois plus chère qu'auparavant. Dans le fait, pourtant, elle est deux fois à meilleur marché qu'elle n'était dans l'origine. Quoique, pour l'acheter, il faille donner cinq fois autant d'autres espèces de marchandises, cependant il ne faut que la moitié seulement du travail qu'elle coûtait anciennement, pour l'acheter ou la produire actuellement; elle est donc deux fois plus aisée à acquérir qu'elle n'était alors.

Mais cet état primitif, dans lequel l'ouvrier jouissait de tout le produit de son propre travail, ne put pas durer au delà de l'époque où furent introduites l'appropriation des terres et l'accumulation des capitaux. Il y avait donc longtemps qu'il n'existait plus, quand la puissance productive du travail parvint à un degré de perfection considérable, et il serait sans objet de rechercher plus avant quel eût été l'effet d'un pareil état de choses sur la récompense ou le salaire du travail.

Aussitôt que la terre devient une propriété privée, le propriétaire demande pour sa part presque tout le produit que le travailleur peut y faire croître ou y recueillir. Sa rente est la première déduction que souffre le produit du travail appliqué à la terre.

Il arrive rarement que l'homme qui laboure la terre possède par devers lui de quoi vivre jusqu'à ce qu'il recueille la moisson. En général, sa subsistance lui est avancée sur le capital d'un maître, le fermier qui l'occupe, et qui n'aurait pas d'intérêt à le faire s'il ne devait pas prélever une part dans le produit de son travail, ou si son capital ne devait pas lui rentrer avec un

profit. Ce profit forme une seconde déduction
sur le produit du travail appliqué à la terre.

Le produit de presque tout autre travail est
sujet à la même déduction en faveur du profit.
Dans tous les métiers, dans toutes les fabriques,
la plupart des ouvriers ont besoin d'un maître
qui leur avance la matière du travail, ainsi que
leurs salaires et leur subsistance, jusqu'à ce
que leur ouvrage soit tout à fait fini. Ce maître
prend une part du produit de leur travail ou de
la valeur que ce travail ajoute à la matière à
laquelle il est appliqué, et c'est cette part qui
constitue son profit.

A la vérité, il arrive quelquefois qu'un ouvrier qui vit seul et indépendant, a assez de capital pour acheter à la fois la matière du travail et pour s'entretenir jusqu'à ce que son
ouvrage soit achevé. Il est en même temps
maître et ouvrier, et il jouit de tout le produit
de son travail personnel ou de toute la valeur
que ce travail ajoute à la matière sur laquelle il
s'exerce. Ce produit renferme ce qui fait d'ordinaire deux revenus distincts, appartenant à deux
personnes distinctes, les profits du capital et les
salaires du travail.

Ces cas-là, toutefois, ne sont pas communs, et
dans tous les pays de l'Europe, pour un ouvrier
indépendant, il y en a vingt qui servent sous un
maître ; et partout on entend, par *salaires du
travail*, ce qu'ils sont communément quand l'ouvrier et le propriétaire du capital qui lui donne

de l'emploi sont deux personnes distinctes.

C'est par la convention qui se fait habituellement entre ces deux personnes, dont l'intérêt n'est nullement le même, que se détermine le taux commun des salaires. Les ouvriers désirent gagner le plus possible ; les maîtres donner le moins qu'ils peuvent ; les premiers sont disposés à se concerter pour élever des salaires, les seconds pour les abaisser.

Il n'est pas difficile de prévoir lequel des deux partis, dans toutes les circonstances ordinaires, doit avoir l'avantage dans le débat, et imposer forcément à l'autre toutes ses conditions. Les maîtres, étant en moindre nombre, peuvent se concerter plus aisément ; et de plus, la loi les autorise à se concerter entre eux, ou au moins ne le leur interdit pas, tandis qu'elle l'interdit aux ouvriers. Nous n'avons point d'actes du parlement contre les ligues qui tendent à abaisser le prix du travail ; mais nous en avons beaucoup contre celles qui tendent à le faire hausser. Dans toutes ces luttes, les maîtres sont en état de tenir ferme longtemps. Un propriétaire, un fermier, un maître fabricant ou marchand, pourraient en général, sans occuper un seul ouvrier, vivre un an ou deux sur les fonds qu'ils ont déjà amassés. Beaucoup d'ouvriers ne pourraient pas subsister sans travail une semaine, très peu un mois, et à peine un seul une année entière. A la longue, il se peut que le maître ait autant besoin de l'ouvrier que celui-ci a besoin du maître ;

mais le besoin du premier n'est pas si pressant.

On n'entend guère parler, dit-on, de *coalitions* entre les maîtres, et tous les jours on parle de celles des ouvriers. Mais il faudrait ne connaître ni le monde, ni la matière dont il s'agit, pour s'imaginer que les maîtres se liguent rarement entre eux. Les maîtres sont en tout temps et partout dans une sorte de ligue tacite, mais constante et uniforme, pour ne pas élever les salaires au-dessus du taux actuel. Violer cette règle est partout une action de faux frère et un sujet de reproche pour un maître parmi ses voisins et ses pareils. A la vérité, nous n'entendons jamais parler de cette ligue, parce qu'elle est l'état habituel, et on peut dire l'état naturel des choses, et que personne n'y fait attention. Quelquefois les maîtres font entre eux des complots particuliers pour faire baisser au-dessous du taux habituel les salaires du travail. Ces complots sont toujours conduits dans le plus grand silence et dans le plus grand secret jusqu'au moment de l'exécution; et quand les ouvriers cèdent, comme ils font quelquefois, sans résistance, quoiqu'ils sentent bien le coup et le sentent fort durement, personne n'en entend parler. Souvent, cependant, les ouvriers opposent à ces coalitions particulières une ligue défensive; quelquefois aussi, sans aucune provocation de cette espèce, ils se coalisent de leur propre mouvement, pour élever le prix de leur travail. Leurs prétextes ordinaires sont tantôt le

haut prix des denrées, tantôt le gros profit que
font les maîtres sur leur travail. Mais que leurs
ligues soient offensives ou défensives, elles sont
toujours accompagnées d'une grande rumeur.
Dans le dessein d'amener l'affaire à une prompte
décision, ils ont toujours recours aux clameurs
les plus emportées, et quelquefois ils se portent
à la violence et aux derniers excès. Ils sont dé-
sespérés, et agissent avec l'extravagance et la
fureur de gens au désespoir, réduits à l'alter-
native de mourir de faim ou d'arracher à leurs
maîtres, par la terreur, la plus prompte condes-
cendance à leurs demandes. Dans ces occasions,
les maîtres ne crient pas moins haut de leur
côté ; ils ne cessent de réclamer de toutes leurs
forces l'autorité des magistrats civils, et l'exécution la plus rigoureuse de ces lois si sévères
portées contre les ligues des ouvriers, domestiques et journaliers. En conséquence, il est rare
que les ouvriers tirent aucun fruit de ces tentatives violentes et tumultueuses, qui, tant par
l'intervention du magistrat civil que par la constance mieux soutenue des maîtres et la nécessité où sont la plupart des ouvriers de céder
pour avoir leur subsistance du moment, n'abou-
tissent, en général, à rien autre chose qu'au châtiment ou à la ruine des chefs de l'émeute.

Quoique les maîtres aient presque toujours
nécessairement l'avantage dans leurs querelles
avec les ouvriers, cependant il y a un certain
taux au-dessous duquel il est impossible de

réduire, pour un temps un peu considérable, les
salaires ordinaires, même de la plus basse espèce
de travail.

Il faut de toute nécessité qu'un homme vive
de son travail, et que son salaire suffise au moins
à sa subsistance ; il faut même quelque chose de
plus dans la plupart des circonstances ; autrement
il serait impossible au travailleur d'élever une famille, et alors la race de ces ouvriers ne pourrait
pas durer au delà de la première génération. A
ce compte, M. Cantillon paraît supposer que la
plus basse classe des simples manœuvres doit
partout gagner au moins le double de sa subsistance, afin que ces travailleurs soient généralement en état d'élever deux enfants ; on suppose
que le travail de la femme suffit seulement à sa
propre dépense, à cause des soins qu'elle est
obligée de donner à ses enfants. Mais on calcule
que la moitié des enfants qui naissent meurent
avant l'âge viril. Il faut, par conséquent, que les
plus pauvres ouvriers tâchent, l'un dans l'autre,
d'élever au moins quatre enfants, pour que
deux seulement aient la chance de parvenir à
cet âge. Or, on suppose que la subsistance nécessaire de quatre enfants est à peu près égale à
celle d'un homme fait. Le même auteur ajoute
que le travail d'un esclave bien constitué est
estimé valoir le double de sa subsistance, et il
pense que celui de l'ouvrier le plus faible ne
peut pas valoir moins que celui d'un esclave

bien constitué. Quoi qu'il en soit, il paraît au moins certain que, pour élever une famille, même dans la plus basse classe des plus simples manœuvres, il faut nécessairement que le travail du mari et de la femme puisse leur rapporter quelque chose de plus que ce qui est précisément indispensable pour leur propre subsistance ; mais dans quelle proportion? Est-ce dans celle que j'ai citée ou dans toute autre ? c'est ce que je ne prendrai pas sur moi de décider. C'est peu consolant pour les individus qui n'ont d'autre moyen d'existence que le travail.

Il y a cependant certaines circonstances qui sont quelquefois favorables aux ouvriers, et les mettent dans le cas de hausser beaucoup leurs salaires au-dessus de ce taux, qui est évidemment le plus bas qui soit compatible avec la simple humanité.

Lorsque, dans un pays, la demande de ceux qui vivent de salaires, ouvriers, journaliers, domestiques de toute espèce, va continuellement en augmentant; lorsque chaque année fournit de l'emploi pour un nombre plus grand que celui qui a été employé l'année précédente, les ouvriers n'ont pas besoin de se coaliser pour faire hausser leurs salaires. La rareté des bras occasionne une concurrence parmi les maîtres, qui mettent à l'enchère l'un sur l'autre pour avoir des ouvriers, et rompent ainsi volontairement la ligue naturelle des maîtres contre l'élévation des salaires.

Évidemment, la demande de ceux qui vivent de salaires ne peut augmenter qu'à proportion de l'accroissement des fonds destinés à payer des salaires. Ces fonds sont de deux sortes : la première consiste dans l'excédent du revenu sur les besoins ; la seconde, dans l'excédent du capital nécessaire pour tenir occupés les maîtres du travail.

Quand un propriétaire, un rentier, un capitaliste a un plus grand revenu que celui qu'il juge nécessaire à l'entretien de sa famille, il emploie tout ce surplus ou une partie de ce surplus à entretenir un ou plusieurs domestiques. Augmentez ce surplus, et naturellement il augmentera le nombre de ses domestiques.

Quand un ouvrier indépendant, tel qu'un tisserand ou un cordonnier, a amassé plus de capital qu'il ne lui en faut pour acheter la matière première de son travail personnel et pour subsister lui-même jusqu'à la vente de son produit, il emploie naturellement un ou plusieurs journaliers avec ce surplus, afin de bénéficier sur leur travail. Augmentez ce surplus, et naturellement il augmentera le nombre de ses ouvriers.

Ainsi, la demande de ceux qui vivent de salaires augmente nécessairement avec l'accroissement des revenus et des capitaux de chaque pays, et il n'est pas possible qu'elle augmente sans cela. L'accroissement des revenus et des capitaux est l'accroissement de la richesse nationale ; donc la demande de ceux qui vivent de

salaires augmente naturellement avec l'accroissement de la richesse nationale, et il n'est pas
possible qu'elle augmente sans cela.

Ce n'est pas l'étendue actuelle de la richesse
nationale, mais son progrès continuel qui donne
lieu à une hausse dans les salaires du travail.
En conséquence, ce n'est pas dans les pays
les plus riches que les salaires sont le plus élevés, mais c'est dans les pays qui font le plus de
progrès, ou dans ceux qui marchent le plus vite
vers l'opulence. Certainement, l'Angleterre est
pour le moment un pays beaucoup plus riche
qu'aucune partie de l'Amérique septentrionale;
cependant les salaires du travail sont beaucoup
plus élevés dans l'Amérique septentrionale que
dans aucun endroit de l'Angleterre. Dans la pro-
vince de New-York, un simple manœuvre gagne
par jour 3 shillings 6 deniers, monnaie du pays,
valant 2 shillings sterling; un charpentier de
marine, 10 shillings 6 deniers sterling, monnaie du pays, avec une pinte de rhum qui vaut
6 deniers sterling, en tout 6 shillings 6 deniers sterling; un charpentier en bâtiments et
un maçon, 8 shillings, argent courant du pays,
valant 4 shillings 6 deniers sterling; un garçon
tailleur, 5 shillings, argent courant, valant environ 2 shillings 10 deniers sterling. Ces prix
sont tous au-dessus de ceux de Londres, et on
assure que dans les autres colonies les salaires
sont aussi élevés qu'à New-York. Dans toute
l'Amérique septentrionale, les denrées sont à

beaucoup plus bas prix qu'en Angleterre ; on
n'y a jamais eu de disette. Dans les années les
plus mauvaises, il n'y a que l'exportation qui
ait souffert, mais il y a toujours eu assez pour
la consommation du pays. Ainsi donc, si le prix
du travail en argent y est plus élevé que dans
aucun endroit de la mère-patrie, son prix réel,
la quantité réelle de choses propres aux besoins
et aisances de la vie, que ce prix met à la disposition de l'ouvrier, s'y trouve supérieur, dans
une proportion encore bien plus grande.

Mais, quoique l'Amérique septentrionale ne
soit pas encore aussi riche que l'Angleterre, elle
est beaucoup plus florissante et elle marche avec
une bien plus grande rapidité vers l'acquisition
de nouvelles richesses. La marque la plus décisive de la prospérité d'un pays est l'augmentation du nombre de ses habitants. On suppose
que dans la Grande-Bretagne et la plupart des
autres pays de l'Europe, ce nombre ne double
guère en moins de cinq cents ans. Dans les colonies anglaises de l'Amérique septentrionale,
on a trouvé qu'il doublait en vingt ou vingt-cinq
ans ; et cet accroissement de population est bien
moins dû à l'immigration continuelle de nouveaux habitants, qu'à la multiplication rapide
de l'espèce. On dit que ceux qui parviennent à
un âge avancé y comptent fréquemment de cinquante à cent, et quelquefois plus, de leurs propres descendants. Le travail y est si bien récompensé, qu'une nombreuse famille d'enfants,

au lieu d'être une charge, est une source d'o-
pulence et de prospérité pour les parents. On
compte que le travail de chaque enfant, avant
qu'il puisse quitter leur maison, leur rapporte
par an 100 livres de bénéfice net. Une jeune
veuve, avec quatre ou cinq enfants, qui aurait
tant de peine à trouver un second mari dans les
classes moyennes ou inférieures du peuple en
Europe, est là le plus souvent un parti recher-
ché comme une espèce de fortune. La valeur des
enfants est le plus grand de tous les encouragements au mariage. Il ne faut donc pas s'étonner
qu'on se marie, en général, fort jeune dans l'Amérique septentrionale. Malgré le grand accroissement de population qui résulte de tant de mariages
entre de très jeunes gens, on s'y plaint néanmoins continuellement de l'insuffisance des bras.
Il paraît que, dans ce pays, la demande des travailleurs et les fonds destinés à les entretenir
croissent encore trop vite pour qu'on trouve
autant de monde qu'on voudrait en employer.

Quand même la richesse d'un pays serait très
grande, cependant, s'il a été longtemps dans un
état stationnaire, il ne faut pas s'attendre à y
trouver des salaires bien élevés. Les revenus et
les capitaux de ses habitants, qui sont les fonds
destinés au payement des salaires, peuvent être
d'une très grande étendue; mais s'ils ont continué pendant plusieurs siècles à être de la même
étendue ou à peu près, alors le nombre des ouvriers employés chaque année pourra aisément

répondre, et même plus que répondre au nombre qu'on en demandera l'année suivante. On y éprouvera rarement une disette de bras, et les maîtres ne seront pas obligés de mettre à l'enchère les uns sur les autres pour en avoir. Au contraire, dans ce cas, les bras se multiplieront au delà de la demande. Il y aura disette constante d'emploi pour les ouvriers, et ceux-ci seront obligés, pour en obtenir, d'enchérir au rabais les uns sur les autres. Si, dans un tel pays, les salaires venaient jamais à monter au delà du taux suffisant pour faire subsister les ouvriers et les mettre en état d'élever leur famille, la concurrence des ouvriers et l'intérêt des maîtres réduiraient bientôt ces salaires aux taux le plus bas que puisse permettre la simple humanité. La Chine a été, pendant une longue période, un des plus riches pays du monde, c'est-à-dire un des plus fertiles, des mieux cultivés, des plus industrieux et des plus peuplés ; mais ce pays paraît être depuis très longtemps dans un état stationnaire. Marco Polo, qui l'observait il y a plus de cinq cents ans, nous décrit l'état de sa culture, de son industrie et de sa population presque dans les mêmes termes que les voyageurs qui l'observent aujourd'hui. Peut-être même cet empire était-il déjà, longtemps avant ce voyageur, parvenu à la plénitude d'opulence que la nature de ses lois et de ses institutions lui permet d'atteindre. Les rapports de tous les voyageurs, qui varient sur beaucoup de points,

s'accordent sur les prix des salaires du travail et
sur la difficulté qu'éprouve un ouvrier en Chine
pour élever sa famille. Si, en remuant la terre toute
une journée, il peut gagner de quoi acheter le
soir une petite portion de riz, il est fort content.
La condition des artisans y est encore pire, s'il
est possible. Au lieu d'attendre tranquillement
dans leurs ateliers que les pratiques les fassent
appeler, comme en Europe, ils sont continuellement à courir par les rues avec les outils de leur
métier, offrant leurs services et mendiant pour
ainsi dire de l'ouvrage. La pauvreté des dernières classes du peuple à la Chine dépasse de
beaucoup celle des nations les plus misérables
de l'Europe. Dans le voisinage de Canton, plusieurs centaines, on dit même plusieurs milliers de familles, n'or' point d'habitations sur
la terre et vivent habituellement dans de petits bateaux de pêcheurs, sur les canaux et les
rivières. La subsistance qu'ils peuvent s'y procurer est tellement rare, qu'on les voit repê-
cher avec avidité les restes les plus dégoûtants
jetés à la mer par quelque vaisseau d'Europe.
Une charogne, un chat ou chien mort, déjà
puant et à demi pourri, est une nourriture tout
aussi bien reçue par eux que le serait la viande
la plus saine par le peuple des autres pays. Le
mariage n'est pas encouragé à la Chine par le
profit qu'on retire des enfants, mais par la permission de les détruire. Dans toutes les grandes
villes, il n'y a pas de nuit où l'on n'en trouve

plusieurs exposés dans les rues, ou noyés comme on noie de petits chiens. On dit même qu'il y a des gens qui se chargent ouvertement de cette fonction, et qui en font métier pour gagner leur vie.

Cependant la Chine, quoique demeurant toujours peut-être dans le même état, ne paraît pas rétrograder. Nulle part ses villes ne sont désertées par leurs habitants ; nulle part on n'y abandonne les terres une fois cultivées. Il faut donc qu'il y ait annuellement la même, ou environ la même quantité de travail accompli, et que les fonds destinés à faire subsister les ouvriers ne diminuent pas, par conséquent, d'une manière sensible. Ainsi, malgré toutes les peines qu'elles ont à subsister, il faut bien que les plus basses classes d'ouvriers trouvent à se tirer d'affaire d'une manière ou d'une autre, assez du moins pour se maintenir dans leur nombre ordinaire.

Mais il en serait autrement dans un pays où les fonds destinés à faire subsister le travail viendraient à décroître sensiblement. Chaque année la demande de domestiques et d'ouvriers, dans les différentes espèces de travail, serait moindre qu'elle n'aurait été l'année précédente. Un grand nombre de ceux qui auraient été élevés dans des métiers d'une classe supérieure, ne pouvant plus se procurer d'ouvrage dans leur emploi, seraient bien aises d'en trouver dans les classes inférieures. Les classes les plus basses se trouvant surchargées non seulement de leurs propres ouvriers, mais encore de ceux qui y reflueraient de toutes les autres classes, il s'y établirait une si grande concurrence pour le travail, que les salaires seraient bornés à la plus chétive et à la plus misérable subsistance de l'ouvrier. Beaucoup d'entre eux, même à de si dures conditions, ne pourraient pas trouver d'occupation ; ils seraient réduits à périr de faim, ou bien à chercher leur subsistance en mendiant ou en s'abandonnant au crime. La misère, la famine et la mortalité désoleraient bientôt cette classe, et de là s'étendraient aux classes supérieures, jusqu'à ce que le nombre des habitants du pays se trouvât réduit à ce qui pourrait aisément subsister par la quantité de revenus et de capitaux qui y seraient restés, et qui auraient échappé à la tyrannie ou à la calamité universelle. Tel est peut-être, à peu de chose près, l'état actuel du Bengale et de quelques autres établissements anglais dans les Indes orientales. Dans un pays fertile qui a déjà été extrêmement dépeuplé, où par conséquent la subsistance ne devrait pas être très difficile, et où, malgré tout cela, il meurt de faim, dans le cours d'une année, trois à quatre cent mille personnes, il n'y a nul doute que les fonds destinés à faire subsister le travail du pauvre ne décroissent avec une grande rapidité. La différence qui se trouve entre l'état de l'Amérique septentrionale et celui des Indes orientales est peut-être le fait le plus propre à faire sentir la

différence qui existe entre l'esprit de la constitution britannique, qui protège et gouverne le
premier de ces pays, et l'esprit de la compagnie
mercantile qui maîtrise et qui opprime l'autre.

Ainsi, un salaire qui donne au travail une
récompense libérale est à la fois l'effet nécessaire et le symptôme naturel de l'accroissement
de la richesse nationale ; celui qui ne fournit à
l'ouvrier pauvre qu'une chétive subsistance est
l'indication d'un état stationnaire ; et, enfin,
celui qui ne lui donne pas même de quoi subsister et le réduit à mourir de faim signifie que
les richesses décroissent avec rapidité.

Naturellement, toutes les espèces d'animaux
multiplient à proportion de leurs moyens de
subsistance, et aucune espèce ne peut jamais
multiplier au delà. Mais dans les sociétés civilisées, ce n'est que parmi les classes inférieures
du peuple que la disette de subsistance peut
mettre des bornes à la propagation de l'espèce
humaine ; et cela ne peut arriver que d'une
seule manière, en détruisant une grande partie
des enfants que produisent les mariages féconds
de ces classes du peuple.

La récompense libérale du travail, qui est
l'effet de l'accroissement de la richesse nationale,
devient aussi la cause d'accroissement de la
population. Se plaindre de la libéralité de cette
récompense, c'est se plaindre de ce qui est à la
fois l'effet et la cause de la plus grande prospérité publique.

Il est peut-être bon de remarquer que c'est dans l'état progressif de la société, lorsqu'elle est en train d'acquérir successivement plus d'opulence, et non pas lorsqu'elle est parvenue a la mesure complète de richesse dont elle est susceptible, que véritablement la condition de l'ouvrier pauvre, celle de la grande masse du peuple, est plus heureuse et plus douce ; elle est dure dans l'état stationnaire ; elle est misérable dans l'état de déclin. L'état progressif est, pour tous les différents ordres de la société, l'état de la vigueur et de la santé parfaites ; l'état stationnaire est celui de la pesanteur et de l'inertie ; l'état rétrograde est celui de la langueur et de la maladie.

De même que la récompense libérale du travail encourage la population, de même aussi elle augmente l'industrie des classes inférieures. Ce sont les salaires du travail qui sont l'encouragement de l'industrie, et celle-ci, comme toute autre qualité de l'homme, se perfectionne à proportion de l'encouragement qu'elle reçoit. Une subsistance abondante augmente la force physique de l'ouvrier ; et la douce espérance d'améliorer sa condition et de finir peut-être ses jours dans le repos et dans l'aisance, l'excite à tirer de ses forces tout le parti possible. Aussi verrons-nous toujours les ouvriers plus actifs, plus diligents, plus expéditifs là où les salaires sont élevés, que là où ils sont bas.

VIII

DES SALAIRES ET DES PROFITS DANS LES DIVERS EMPLOIS DU TRAVAIL ET DU CAPITAL.

Chacun des divers emplois du travail et du capital, dans un même canton, doit nécessairement offrir une balance d'avantages et de désavantages qui établisse ou qui tende continuellement à établir une parfaite égalité entre tous ces emplois. Si, dans un même canton, il y avait quelque emploi qui fût évidemment plus ou moins avantageux que tous les autres, tant de gens viendraient à s'y jeter dans un cas, ou à l'abandonner dans l'autre, que ses avantages se remettraient bien vite de niveau avec ceux des autres emplois. Au moins en serait-il ainsi dans une société où les choses suivraient leur cours naturel, où l'on jouirait d'une parfaite liberté, et où chaque individu serait entièrement le maître de choisir l'occupation qui lui conviendrait le mieux et d'en changer aussi souvent qu'il le jugerait à propos. L'intérêt individuel porterait chacun à rechercher les emplois avantageux et à négliger ceux qui seraient désavantageux.

A la vérité, les salaires et les profits pécuniaires sont, dans tous les pays de l'Europe, extrêmement différents, suivant les divers emplois du travail et des capitaux. Mais cette différence vient en partie de certaines circonstances attachées aux emplois mêmes, lesquelles, soit en réalité, soit du moins aux yeux de l'imagination, suppléent, dans quelques-uns de ces emplois, à la modicité du gain pécuniaire, ou en contre-balancent la supériorité dans d'autres ; elle résulte aussi en partie de la police de l'Europe, qui nulle part ne laisse les choses en pleine liberté.

Pour examiner particulièrement et ces circonstances, et cette police, je diviserai ce chapitre en deux sections.

SECTION I.

Des inégalités qui procèdent de la nature même des emplois.

Autant qu'il m'a été possible de l'observer, les circonstances principales qui suppléent à la modicité du gain pécuniaire dans quelques emplois, et contre-balancent sa supériorité dans d'autres, sont les cinq suivantes : 1º l'agrément ou le désagrément des emplois en eux-mêmes ; 2º la facilité ou le bon marché avec lequel on peut les apprendre, ou la difficulté et la dépense qu'ils exigent pour cela ; 3º l'occupation constante qu'ils procurent, ou les interruptions auxquelles ils sont exposés ; 4º le plus ou moins

de confiance dont il faut que soient investis
ceux qui les exercent ; 5° la probabilité ou im-
probabilité d'y réussir.

Premièrement, les salaires du travail varient
suivant que l'emploi est aisé ou pénible, propre
ou malpropre, honorable ou méprisé.

Ainsi, dans la plupart des endroits, à prendre
l'année en somme, un garçon tailleur gagne
moins qu'un tisserand ; son ouvrage est plus
facile, mais il est beaucoup plus propre ; le forgeron, quoiqu'il soit un *artisan*, gagne rarement
autant en douze heures de temps qu'un charbonnier travaillant aux mines, qui n'est qu'un
journalier, gagne en huit. Son ouvrage n'est
pas tout à fait aussi malpropre ; il est moins
dangereux, il ne se fait pas sous terre et loin de
la clarté du jour. La considération entre pour
beaucoup dans le salaire des professions hono-
rables. Sous le rapport de la rétribution pécuniaire, tout bien considéré, elles sont, en général, trop peu payées, comme je le ferai voir
bientôt. La défaveur attachée à un état produit
un effet contraire. Le métier de boucher a quelque chose de cruel et de repoussant ; mais,
dans la plupart des endroits, c'est le plus lucratif de presque tous les métiers ordinaires. Le
plus affreux de tous les emplois, celui d'exécu-
teur public, est, en proportion de la quantité de
travail, mieux rétribué que quelque autre métier que ce soit.

La chasse et la pèche, les occupations les plus importantes de l'homme dans la première enfance des sociétés, deviennent, dans l'état de civilisation, ses plus agréables amusements, et il se livre alors par plaisir à ce qu'il faisait jadis par nécessité. Ainsi, dans une société civilisée, il n'y a que de très pauvres gens qui fassent par métier ce qui est pour les autres l'objet d'un passe-temps. Telle a été la condition des pêcheurs depuis Théocrite. Dans la Grande-Bretagne, un braconnier est un homme fort pauvre. Dans le pays où la rigueur des lois ne permet pas le braconnage, le sort d'un homme qui fait son métier de la chasse, moyennant une permission, n'est pas beaucoup meilleur. Le goût naturel des hommes pour ce genre d'occupation y porte beaucoup plus de gens qu'elle ne peut en faire vivre dans l'aisance, et ce que produit un tel travail, en proportion de sa quantité, se vend toujours à trop bon marché pour fournir aux travailleurs au delà de la plus chétive subsistance.

Le désagrément et la défaveur de l'emploi influent de la même manière sur les profits des capitaux. Le maître d'une auberge ou d'une taverne, qui n'est jamais le maître chez lui, et qui est exposé aux grossièretés du premier ivrogne, n'exerce pas une industrie très agréable ni très considérée ; mais il y a peu de commerce ordinaire dans lequel on puisse, avec un petit capital, réaliser d'aussi gros profits.

Secondement, les salaires du travail varient suivant la facilité et le bon marché de l'*apprentissage*, ou la difficulté et la dépense qu'il exige.

Quand on a établi une machine coûteuse, on espère que la quantité extraordinaire de travail qu'elle accomplira avant d'être tout à fait hors de service remplacera le capital employé à l'établir, avec les profits ordinaires tout au moins. Un homme qui a dépensé beaucoup de temps et de travail pour se rendre propre à une profession qui demande une habileté et une expérience extraordinaires, peut être comparé à une de ces machines dispendieuses. On doit espérer que la fonction à laquelle il se prépare lui rendra, outre les salaires du simple travail, de quoi l'indemniser de tous les frais de son éducation, avec au moins les profits ordinaires d'un capital de la même valeur. Il faut aussi que cette indemnité se trouve réalisée dans un temps raisonnable, en ayant égard à la durée très incertaine de la vie des hommes, tout comme on a égard à la durée plus certaine de la machine.

C'est sur ce principe qu'est fondée la différence entre les salaires du travail qui demande une grande habileté et ceux du travail ordinaire.

La police de l'Europe considère comme travail demandant de l'habileté celui de tous les ouvriers, artisans et manufacturiers, et comme travail commun celui de tous les travailleurs de la campagne. Elle paraît supposer que le travail des premiers est d'une nature plus délicate et plus raffinée que celui des autres. Il peut en être ainsi dans certains cas ; mais le plus souvent il en est autrement, comme je tâcherai bientôt de le faire voir.

Aussi les lois et coutumes d'Europe, afin de rendre l'ouvrier capable d'exercer la première de ces deux espèces de travail, lui imposent la nécessité d'un apprentissage, avec des conditions plus ou moins rigoureuses, selon les différents pays ; l'autre reste libre et ouvert à tout le monde, sans condition. Tant que dure l'apprentissage, tout le travail de l'apprenti appartient à son maître ; pendant ce même temps, il faut souvent que sa nourriture soit payée par ses père et mère ou quelque autre de ses parents, et presque toujours il faut au moins qu'ils l'habillent. Ordinairement aussi, on donne au maître quelque argent pour qu'il enseigne son métier à l'apprenti. Les apprentis qui ne peuvent donner d'argent donnent leur temps, ou s'engagent pour un plus grand nombre d'années que le temps d'usage ; convention toujours très onéreuse pour l'apprenti, quoiqu'elle ne soit pas toujours, à cause de l'indolence habituelle de celui-ci, très avantageuse pour le maître. Dans les travaux de la campagne, au contraire, le travailleur se prépare peu à peu aux fonctions les plus difficiles tout en s'occupant des parties les plus faciles de la besogne ; et son travail

suffit à sa subsistance dans tous les différents
degrés de sa profession. Il est donc juste qu'en
Europe les salaires des artisans, gens de métier
et ouvriers de manufactures, soient un peu plus
élevés que ceux des ouvriers ordinaires ; ils
le sont aussi et, à cause de la supériorité de
leurs salaires, les artisans sont regardés presque
partout comme faisant partie d'une classe plus
relevée. Cependant cette supériorité est bien
peu considérable ; le salaire moyen d'un ouvrier
à la journée, dans les fabriques les plus communes, comme celles de draps et de toiles
unies, n'est guère supérieur, dans la plupart
des lieux, aux salaires journaliers des simples
manœuvres. A la vérité, l'artisan est plus constamment et plus uniformément occupé, et la
supériorité de son gain paraîtra un peu plus
forte si on le calcule pour toute l'année ensemble. Toutefois, cette supériorité ne s'élève pas
au-dessus de ce qu'il faut pour compenser la
dépense plus forte de son éducation.

L'éducation est encore bien plus longue et
plus dispendieuse dans les arts qui exigent une
grande habileté, et dans les professions libérales. La rétribution pécuniaire des peintres, des
sculpteurs, des gens de loi et des médecins doit
donc être beaucoup plus forte, et elle l'est aussi.

Troisièmement, les salaires du travail varient
dans les différentes professions, suivant la constance ou l'*incertitude* de l'occupation.

Dans certaines professions, l'occupation est plus constante que dans d'autres. Dans la plus grande partie des ouvrages de manufactures, un journalier est à peu près sûr d'être occupé tous les jours de l'année où il sera en état de travailler ; un maçon en pierres ou en briques, au contraire, ne peut pas travailler dans les fortes gelées ou par un très mauvais temps et, dans tous les autres moments, il ne peut compter sur de l'occupation qu'autant que ses pratiques auront besoin de lui ; conséquemment il est sujet à se trouver souvent sans occupation. Il faut donc que ce qu'il gagne quand il est occupé, non seulement l'entretienne pour le temps où il n'a rien à faire, mais le dédommage encore en quelque sorte des moments de souci et de découragement que lui cause quelquefois la pensée d'une situation aussi précaire. Aussi, dans les lieux où le gain de la plupart des ouvriers de manufactures se trouve être presque au niveau des salaires journaliers des simples manœuvres, celui des maçons est, en général, de la moitié ou du double plus élevé. Quand les simples manœuvres gagnent 4 et 5 shillings par semaine, les maçons en gagnent fréquemment 7 et 8 ; quand les premiers en gagnent 6, les autres en gagnent souvent 9 et 10 ; et quand ceux-là en gagnent 9 ou 10, comme à Londres, ceux-ci communément en gagnent 15 et 18. Cependant il n'y a aucune espèce de métier qui paraisse plus facile à apprendre que celui d'un

maçon. On dit que pendant l'été, à Londres, on emploie quelquefois les porteurs de chaises comme maçons en briques. Les hauts salaires de ces ouvriers sont donc moins une récompense de leur habileté, qu'un dédommagement de l'interruption qu'ils éprouvent dans leur emploi.

Le métier de charpentier en bâtiment paraît exiger plus de savoir et de dextérité que celui de maçon. Cependant, en plusieurs endroits (car il n'en est pas de même partout), le salaire journalier du charpentier est un peu moins élevé. Quoique son occupation dépende beaucoup du besoin accidentel que ses pratiques ont de lui, cependant elle n'en dépend pas entièrement, et elle n'est pas sujette à être interrompue par les mauvais temps.

Quand il arrive que, en certaines localités, l'ouvrier n'est pas occupé constamment dans les mêmes métiers où, en général, il l'est constamment ailleurs, alors son salaire s'élève bien au-dessus de la proportion ordinaire avec le salaire du simple travail. A Londres, presque tous les compagnons de métier sont sujets à être arrêtés et renvoyés par leurs maîtres, d'un jour à l'autre ou de semaine en semaine, de la même manière que les journaliers dans les autres endroits. La plus basse classe d'artisans, celle des garçons tailleurs, y gagne en conséquence une demi-couronne par jour, quoique 18 deniers y puissent passer pour le salaire du simple travail.

Dans les petites villes et les villages, au contraire, les salaires des garçons tailleurs sont souvent à peine au niveau de ceux des simples manœuvres ; mais c'est qu'à Londres ils restent souvent plusieurs semaines sans occupation, particulièrement pendant l'été.

Quand l'incertitude de l'occupation se trouve réunie à la fatigue, au désagrément et à la malpropreté de la besogne, alors elle élève quelquefois les salaires du travail le plus grossier au-dessus de ceux du métier le plus difficile. Un charbonnier des mines, qui travaille à la pièce, passe pour gagner communément, à Newcastle, environ le double, et dans beaucoup d'endroits de l'Écosse environ le triple des salaires du travail de manœuvre. Ce taux élevé provient entièrement de la dureté, du désagrément et de la malpropreté de la besogne. Dans la plupart des cas, cet ouvrier peut être occupé autant qu'il le veut. Le métier des déchargeurs de charbon à Londres égale presque celui des charbonniers pour la fatigue, le désagrément et la malpropreté ; mais l'occupation de la plupart d'entre eux est nécessairement très peu constante, à cause de l'irrégularité dans l'arrivée des bâtiments de charbon. Si donc les charbonniers des mines gagnent communément le double et le triple des salaires du manœuvre, il ne doit pas sembler déraisonnable que les déchargeurs de charbon gagnent quatre et cinq fois la valeur de ces mêmes salaires. Aussi, dans les recherches

que l'on fit, il y a quelques années, sur le sort
de ces ouvriers, on trouva que sur le pied auquel on les payait alors, ils pouvaient gagner
6 à 10 shillings par jour ; or, 6 shillings sont
environ le quadruple des salaires du simple travail à Londres, et dans chaque métier particulier on peut toujours regarder les salaires les
plus bas comme ceux de la très majeure partie
des ouvriers de ce métier. Quelque exorbitants
que ces gains puissent paraître, s'ils étaient
plus que suffisants pour compenser toutes les circonstances désagréables qui accompagnent cette
besogne, il se jetterait bientôt tant de concurrents dans ce métier, qui n'a aucun privilège
exclusif, que les gains y baisseraient bien vite
au taux le plus bas.

Quatrièmement, les salaires du travail peuvent varier suivant la confiance plus ou moins
grande qu'il faut accorder à l'ouvrier.

Les orfèvres et les joailliers, en raison des matières précieuses qui leur sont confiées, ont partout des salaires supérieurs à ceux de beaucoup
d'autres ouvriers dont le travail exige non seulement autant, mais même beaucoup plus d'habileté.

Nous confions au médecin notre santé, à l'avocat et au procureur notre fortune, et quelquefois notre vie et notre honneur ; des dépôts aussi
précieux ne pourraient pas, avec sûreté, être re-
mis dans les mains de gens pauvres et peu con-

sidérés. Il faut donc que la rétribution soit capable de leur donner dans la société le rang qu'exige une confiance si importante. Lorsque à cette circonstance se joint encore celle du long temps et des grandes dépenses consacrés à leur éducation, on sent que le prix de leur travail doit s'élever encore beaucoup plus haut.

Quand une personne n'emploie au commerce d'autres capitaux que les siens propres, il n'y a pas lieu à confiance, et le crédit qu'elle peut d'ailleurs se faire dans le public ne dépend pas de la nature de son commerce, mais de l'opinion qu'on a de sa fortune, de sa probité et de sa prudence. Ainsi les différents taux du profit dans les diverses branches d'industrie ne peuvent pas résulter des différents degrés de confiance accordés à ceux qui les exercent.

Cinquièmement, les salaires du travail dans les différentes occupations varient suivant la *chance de succès.*

Dans les divers genres d'occupation, il est plus ou moins probable, à divers degrés, qu'un apprenti acquerra la capacité nécessaire pour remplir l'emploi auquel on le destine. Dans la plus grande partie des métiers, le succès est à peu près sûr, mais il est très incertain dans les professions libérales. Mettez votre fils en apprentissage chez un cordonnier, il n'est presque pas douteux qu'il apprendra à faire une paire de souliers; mais envoyez-le à une école de droit :

il y a au moins vingt contre un à parier qu'il
n'y fera pas assez de progrès pour être en état
de vivre de cette profession. Dans une loterie
parfaitement égale, ceux qui tirent les billets
gagnants doivent gagner tout ce que perdent
ceux qui tirent les billets blancs. Dans une profession où vingt personnes échouent pour une
qui réussit, celle-ci doit gagner tout ce qui aurait pu être gagné par les vingt qui échouent.
L'avocat, qui ne commence peut-être qu'à l'âge
de quarante ans à tirer parti de sa profession,
doit recevoir la rétribution, non seulement d'une
éducation longue et coûteuse, mais encore de
celle de plus de vingt autres étudiants, à qui
probablement cette éducation ne rapportera
jamais rien. Quelque exorbitants que semblent
quelquefois les honoraires des avocats, leur rétribution réelle n'est jamais égale à ce résultat.
Calculez la somme vraisemblable du gain annuel
de tous les ouvriers d'un métier ordinaire, dans
un lieu déterminé, comme cordonniers ou tisserands, et la somme vraisemblable de leur dépense annuelle, vous trouverez qu'en général la
première de ces deux sommes l'emportera sur
l'autre ; mais faites le même calcul à l'égard des
avocats et étudiants en droit dans tous les différents collèges de jurisconsultes, et vous trouverez que la somme de leur gain annuel est en
bien petite proportion avec celle de leur dépense
annuelle, en évaluant même la première au plus
haut et la seconde au plus bas possible. La lo-

terie du droit est donc bien loin d'être une loterie parfaitement égale, et cette profession,
comme la plupart des autres professions libérales, est évidemment très mal récompensée,
sous le rapport du gain pécuniaire.

Ces professions cependant ne sont pas moins
suivies que les autres, et malgré ces motifs de
découragement, une foule d'esprits élevés et
généreux s'empressent d'y entrer. Deux causes
différentes contribuent à cette vogue : la première, c'est le désir d'acquérir la célébrité qui
est le partage de ceux qui s'y distinguent ; et la
seconde, c'est cette confiance naturelle que tout
homme a plus ou moins, non seulement dans
ses talents, mais encore dans son étoile.

Exceller dans une profession dans laquelle très
peu atteignent la médiocrité, est la marque la
plus décisive de ce qu'on appelle *génie* ou *mé-*
rite supérieur. L'admiration publique, qui accom-
pagne des talents aussi distingués, compose toujours une partie de leur récompense, ou plus
grande ou plus faible, selon que cette admiration publique est d'un genre plus ou moins
élevé ; elle forme une partie considérable de la
récompense dans la profession de médecin, une
plus grande encore peut-être dans celle d'avocat,
et elle est presque la seule rémunération de
ceux qui cultivent la poésie et la philosophie.

Il y a des talents très brillants et très agréables
qui entraînent une certaine sorte d'admiration
pour celui qui les possède, mais dont l'exercice,

quand il est fait en vue du gain, est regardé,
soit raison ou préjugé, comme une espèce de
prostitution publique. Il faut donc que la récompense pécuniaire de ceux qui les exercent
ainsi soit suffisante pour indemniser, non seulement du temps, de la peine et de la dépense
d'acquérir ces talents, mais encore de la défaveur qui frappe ceux qui en font un moyen de
subsistance. Les rétributions exorbitantes que
reçoivent les comédiens, les chanteurs et danseurs d'opéra, etc., sont fondées sur ces deux
principes : 1º la rareté et la beauté du talent;
2º la défaveur attachée à l'emploi lucratif que
l'on en fait. Il paraît absurde, au premier coup
d'œil, de mépriser leurs personnes et en même
temps de récompenser leurs talents avec une
extrême prodigalité. C'est pourtant parce que
nous faisons l'un, que nous sommes obligés de
faire l'autre. Si l'opinion publique ou le préjugé
venait jamais à changer à l'égard de ces professions, leur récompense pécuniaire tomberait
bientôt après. Beaucoup plus de gens s'y adon-
neraient, et la concurrence y ferait baisser bien
vite le prix du travail. Ces talents, quoique bien
loin d'être communs, ne sont pourtant pas aussi
rares qu'on le pense. Il y a bien des gens qui
les possèdent dans la dernière perfection, mais
qui regarderaient comme au-dessous d'eux d'en
tirer parti ; et il y en a encore bien davantage
qui seraient en état de les acquérir, si ces talents
étaient plus considérés.

L'opinion exagérée que la plupart des hommes se forment de leurs propres talents est un mal ancien qui a été observé par les philosophes et les moralistes de tous les temps. Leur folle confiance en leur bonne étoile a été moins remarquée; c'est cependant un mal encore plus universel, s'il est possible. Il n'y a pas un homme sur terre qui n'en ait sa part, quand il est bien portant et un peu animé. Chacun s'exagère plus ou moins la chance du gain; quant à celle de la perte, la plupart des hommes la comptent au-dessous de ce qu'elle est, et il n'y en a peut-être pas un seul, bien dispos de corps et d'esprit, qui la compte pour plus qu'elle ne vaut.

Le succès général des *loteries* nous montre assez que l'on s'exagère naturellement les chances du gain. On n'a jamais vu et on ne verra jamais une loterie au monde qui soit parfaitement égale, ou dans laquelle la somme du gain compense celle de la perte, parce que l'entrepreneur n'y trouverait pas son compte. Dans les loteries établies par les gouvernements, les billets ne valent pas, en réalité, le prix que payent les premiers souscripteurs, et cependant ils sont communément revendus sur la place, à 20, 30 et quelquefois 40 p. 100 de bénéfice. Le vain espoir de gagner quelqu'un des gros lots est la seule cause de la demande. Les gens les plus sages ont peine à regarder comme une folie ce fait de payer une petite somme pour acheter la chance de gagner 10 ou 20,000 livres, quoiqu'ils sachent bien que cette petite somme est peut-être 20 ou 30 p. 100 plus que la chance ne vaut. Dans une loterie où il n'y aurait pas de lot au-dessus de 20 livres, mais qui se rapprocherait plus d'une parfaite égalité que les loteries publiques ordinaires, les billets ne seraient pas aussi courus. Afin de s'assurer une meilleure chance pour quelques-uns des gros lots, il y a des gens qui achètent beaucoup de billets, et d'autres qui s'associent pour de petites portions dans un beaucoup plus grand nombre de billets. C'est pourtant une des propositions les mieux démontrées en mathématiques, que plus on prend de billets, plus on a de chances de perte contre soi. Prenez tous les billets de la loterie, et vous serez sûr de perdre; or, plus le nombre des billets pris sera grand, plus on approchera de cette certitude.

L'âge où les jeunes gens font le choix d'un état est, de toutes les époques de la vie, celle où ce mépris du danger et cette confiance présomptueuse qui se flatte toujours de réussir agissent le plus puissamment. C'est là qu'on peut observer combien peu la crainte d'un événement malheureux est capable de balancer l'espoir d'un bon succès. Si l'empressement avec lequel on embrasse les professions libérales en est une preuve, cette preuve est encore bien plus sensible dans l'ardeur que mettent les gens du peuple à s'enrôler comme soldats ou comme matelots.

La différence entre le profit apparent de la vente en détail et celui de la vente en gros est bien moindre dans une capitale que dans une petite ville ou dans un village. Quand il est possible d'employer un fonds de 10,000 livres au commerce d'épicerie, les salaires du travail de l'épicier ne sont qu'une bagatelle à ajouter à ce qui est réellement le profit d'un aussi gros capital. Ainsi les profits apparents d'un très fort détaillant, dans une grande ville, se rapprochent beaucoup plus de ceux du marchand en gros ; c'est pour cette raison que les marchandises qui se vendent en détail sont, en général, à aussi bon marché et souvent à bien meilleur marché dans la capitale que dans les petites villes ou dans les villages. Les épiceries, par exemple, y sont généralement à bien meilleur marché ; le pain et la viande de boucherie y sont souvent à aussi bon marché. Il n'en coûte pas plus pour transporter des épiceries dans une grande ville que dans un village ; mais il en coûte bien davantage pour transporter dans la première du blé et du bétail, dont la plus grande partie est amenée d'une grande distance. Le premier prix des épiceries étant le même dans les deux endroits, elles seront à meilleur marché là où elles sont chargées d'un moindre profit. Le premier prix du pain et de la viande de boucherie est plus fort dans la grande ville que dans le village ; quoique chargés d'un profit moindre, ils n'y sont pas toujours à meilleur marché, mais

ils s'y vendent souvent au même prix. Dans des
articles comme le pain et la viande, la même
cause qui diminue le profit apparent augmente
les frais de premier achat.

C'est l'*étendue du marché* qui, offrant de
l'emploi à de plus gros capitaux, diminue le
profit apparent; mais aussi c'est elle qui, obli-
geant de se fournir à de plus grandes distances,
augmente le premier coût. Cette diminution
d'une part, et cette augmentation de l'autre,
semblent, en beaucoup de cas, se contrebalancer
à peu près; et c'est là probablement la raison
pour laquelle les prix du pain et de la viande
de boucherie sont en général, à très peu de
chose près, les mêmes dans la plus grande partie
du royaume, quoiqu'en différents endroits il y
ait ordinairement de grandes différences dans
le prix du blé et celui du bétail.

Quoique les profits des capitaux, tant pour la
vente en détail que pour la vente en gros,
soient, en général, plus faibles dans la capitale
que dans de petites villes ou dans des villages,
cependant on voit fort souvent dans la première
de grandes fortunes faites avec de petits commencements, et on n'en voit presque jamais
dans les autres. Dans de petites villes et dans
des villages, le peu d'*étendue du marché* em-
pêche le commerce de s'étendre à mesure que
grossit le capital; aussi, dans de pareils lieux,
quoique le taux des profits d'une personne en
particulier puisse être très élevé, cependant la

masse ou la somme totale de ces profits et, par
conséquent, le montant de son accumulation
annuelle, ne peuvent pas être très considérables.
Au contraire, dans les grandes villes, on peut
étendre son commerce à mesure que le capital
augmente, et le crédit d'un homme qui est économe et en prospérité augmente encore bien
plus vite que son capital. Suivant que l'un et
l'autre augmentent, il agrandit la sphère de ses
opérations ; la somme ou le montant total de ses
profits est en proportion de l'étendue de son
commerce, et ce qu'il accumule annuellement
est proportionné à la somme totale de ses profits.
Toutefois il arrive rarement que, même dans les
grandes villes, on fasse des fortunes considérables dans une industrie régulière fixée et bien
connue, si ce n'est par une longue suite d'années
d'une vie appliquée, économe et laborieuse. A
la vérité, il se fait quelquefois, dans ces endroits, des fortunes soudaines dans ce qu'on
appelle proprement le *commerce* ou la *spéculation*. Le négociant qui s'abandonne à ce genre
d'affaires n'exerce pas d'industrie fixe, régulière,
ni bien connue. Il est cette année marchand de
blé, il sera marchand de vin l'année prochaine,
et marchand de sucre, de tabac ou de thé l'année
suivante. Il se livre à toute espèce de commerce
qu'il présume pouvoir donner quelque profit
extraordinaire, et il l'abandonne quand il pré-
voit que les profits en pourront retomber au
niveau de ceux des autres affaires : ses profits et

ses pertes ne peuvent donc garder aucune proportion régulière avec ceux de toute autre
branche de commerce fixe et bien connue. Un
homme qui ne craint pas de s'aventurer peut
quelquefois faire une fortune considérable en
deux ou trois spéculations heureuses; mais il
est tout aussi probable qu'il en perdra autant
par deux ou trois spéculations malheureuses.
Un tel commerce ne peut s'entreprendre que
dans les grandes villes Ce n'est que dans les endroits où les affaires et les correspondances sont
extrêmement étendues, qu'on peut se procurer
toutes les connaissances qu'il exige.

Les circonstances qui viennent d'être exposées
en détail occasionnent bien des inégalités très
fortes dans les salaires, mais elles n'en occasionnent aucune dans la somme totale des avantages et désavantages réels ou imaginaires de
chacun des différents emplois du travail ; elles
sont de nature seulement à compenser, dans
certains emplois, la modicité du gain pécuniaire,
et à en balancer la supériorité dans d'autres.
Cependant, pour que cette égalité ait lieu dans
la somme totale des avantages et désavantages
des emplois, trois choses sont nécessaires, en
supposant même la plus entière liberté : la première, que l'emploi soit bien connu et établi
depuis longtemps dans la localité; la seconde,
qu'il soit dans son état ordinaire, ou ce qu'on
peut appeler son état *naturel*, et la troisième,

qu'il soit la seule ou la principale occupation de ceux qui l'exercent.

SECTION II.

Inégalités causées par la police de l'Europe.

Telles sont les inégalités qui se trouvent dans la somme totale des avantages et désavantages des divers emplois du travail et des capitaux, même dans les pays où règne la plus entière liberté, lesquelles proviennent du défaut de quelqu'une des trois conditions ci-dessus expliquées; mais la police qui domine en Europe, faute de laisser les choses dans une entière liberté, donne lieu à d'autres inégalités d'une bien plus grande importance.

Elle produit cet effet principalement de trois manières : la première, en restreignant la concurrence, dans certains emplois, à un nombre inférieur à celui des individus qui, sans cela, seraient disposés à y entrer; la seconde, en augmentant dans d'autres le nombre des concurrents au delà de ce qu'il serait dans l'état naturel des choses; et la troisième, en gênant la libre circulation du travail et des capitaux, tant d'un emploi à un autre, que d'un lieu à un autre.

Premièrement, la police qui règne en Europe donne lieu à une inégalité considérable dans la somme totale des avantages et désavantages des divers emplois du travail et des capitaux, en

restreignant, dans certains endroits, la concurrence à un plus petit nombre d'individus que
ceux qui s'y porteraient sans cela.

Pour cet objet, les principaux moyens qu'elle
emploie sont les *privilèges exclusifs des corporations.*

Le *privilège exclusif* d'un corps de métier restreint nécessairement la concurrence, dans la
ville où il est établi, à ceux auxquels il est libre
d'exercer ce métier. Ordinairement, la condition
requise pour obtenir cette liberté est d'avoir
fait son apprentissage sous un maître ayant qualité pour cela. Les statuts de la corporation
règlent quelquefois le nombre d'apprentis qu'il
est permis à un maître d'avoir, et presque toujours le nombre d'années que doit durer l'apprentissage. Le but de ces règlements est de
restreindre la concurrence à un nombre d'individus beaucoup moindre que celui qui, sans
cela, embrasserait cette profession. La limitation du nombre des apprentis restreint directement la concurrence; la longue durée de l'apprentissage la restreint d'une manière plus
indirecte, mais non moins efficace, en augmentant les frais de l'éducation industrielle.

A Sheffield, un statut de la corporation interdit
à tout maître coutelier d'avoir plus d'un apprenti
à la fois. A Norwich et à Norfolk, aucun maître
tisserand ne peut avoir plus de deux apprentis,
sous peine d'une amende de 5 livres par mois
envers le roi. Dans aucun endroit de l'Angleterre

ou des colonies anglaises, un maître chapelier ne peut avoir plus de deux apprentis, sous peine de 5 livres d'amende par mois, applicables, moitié au roi, moitié au dénonciateur. Quoique ces deux derniers règlements aient été confirmés par une loi du royaume, ils n'en sont pas moins évidemment dictés par ce même esprit de corporation qui a imaginé le statut de Sheffield. A peine les fabricants d'étoffes de soie à Londres ont-ils été une année érigés en corporation, qu'ils ont fait un statut qui défendait à tout maître d'avoir plus de deux apprentis à la fois ; il a fallu un acte exprès du Parlement pour casser ce statut.

La durée de l'apprentissage, dans la plupart des corps de métiers, paraît avoir été anciennement fixée, dans toute l'Europe, au terme ordinaire de sept ans. Ces corporations se nommaient autrefois *universités*, d'un mot latin qui désigne en effet une corporation quelconque. Dans les vieilles chartes des villes anciennes, nous trouvons souvent ces expressions : l'*université des forgerons*, l'*université des tailleurs*, etc. Lors du premier établissement de ces corporations particulières, qui sont aujourd'hui désignées spécialement sous le nom d'*universités*, le terme des années d'étude qui fut jugé nécessaire pour obtenir le degré de *maître ès arts* paraît évidemment avoir été fixé d'après le terme d'apprentissage dans les métiers dont les corporations étaient beaucoup plus anciennes. De

même qu'il était nécessaire d'avoir travaillé
sept ans sous un maître duement qualifié pour
acquérir le droit de devenir maître dans un
métier ordinaire et d'y tenir ainsi des apprentis,
de même il fut nécessaire d'avoir étudié sept ans
sous un maître pour être en état de devenir,
dans les professions libérales, *maître*, *professeur*
ou *docteur* (termes autrefois synonymes), et pour
prendre sous soi des *étudiants* ou *apprentis*
(termes qui furent aussi synonymes dans l'o-
rigine).

Le statut de la cinquième année d'Élisabeth,
appelé communément le *statut des apprentis*,
décida que nul ne pourrait à l'avenir exercer
aucun métier, profession ou art pratiqué alors
en Angleterre, à moins d'y avoir fait préalable-
ment un apprentissage de sept ans au moins; et
ce qui n'avait été jusque-là que le statut de
quelques corporations particulières devint la loi
générale et publique de l'Angleterre, pour tous
les métiers établis dans les *villes de marché ;* car
quoique les termes de la loi soient très géné-
raux et semblent renfermer sans distinction la
totalité du royaume, cependant, en l'interpré-
tant, on a limité son effet aux *villes de marché*
seulement, et on a tenu que, dans les villages,
une même personne pouvait exercer plusieurs
métiers différents, sans avoir fait un apprentissage de sept ans pour chacun.

De plus, par une interprétation rigoureuse des
termes du statut, on en a limité l'effet aux mé-

tiers seulement qui étaient établis en Angleterre avant la cinquième année d'Élisabeth, et on ne l'a jamais étendu à ceux qui ont été introduits depuis cette époque.

Cette limitation a donné lieu à plusieurs distinctions qui, considérées comme règlements de police, sont bien ce qu'on peut imaginer de plus absurde. Par exemple, on a décidé qu'un *carrossier* ne pouvait faire, ni par lui-même ni par des ouvriers employés par lui à la journée, les roues de ses carrosses, mais qu'il était tenu de les acheter d'un maître *ouvrier en roues*, ce dernier métier étant pratiqué en Angleterre antérieurement à la cinquième année d'Élisabeth. Mais l'*ouvrier en roues*, sans avoir jamais fait d'apprentissage chez un *ouvrier en carrosses*, peut très bien faire des carrosses, soit par lui-même, soit par des ouvriers à la journée, le métier d'*ouvrier en carrosses* n'étant pas compris dans le statut, parce qu'à cette époque il n'était pas pratiqué en Angleterre. Il y a pour la même raison un grand nombre de métiers dans les industries de Manchester, Birmingham et Wolverhampton, qui, n'ayant pas été exercés en Angleterre antérieurement à la cinquième année d'Élisabeth, ne sont pas compris dans le statut.

En France, la durée de l'apprentissage varie dans les différentes villes et dans les différents métiers. Le terme fixé pour un grand nombre, à Paris, est de cinq ans; mais dans la plupart, avant que l'ouvrier puisse avoir le droit d'exercer

comme maître, il faut qu'il travaille encore cinq
ans de plus comme ouvrier à la journée ; pendant ce dernier terme il est appelé le *compagnon*
du maître, et ce temps s'appelle son *compa-
gnonnage*.

La plus sacrée et la plus inviolable de toutes
les propriétés est celle de son propre travail,
parce qu'elle est la source originaire de toutes
les autres propriétés. Le patrimoine du pauvre
est dans sa force et dans l'adresse de ses mains ;
et l'empêcher d'employer cette force et cette
adresse de la manière qu'il juge la plus convenable, tant qu'il ne porte de dommage à personne, est une violation manifeste de cette propriété primitive. C'est une usurpation criante
sur la liberté légitime, tant de l'ouvrier que de
ceux qui seraient disposés à lui donner du travail ; c'est empêcher à la fois l'un de travailler
à ce qu'il juge à propos, et l'autre d'employer
qui bon lui semble. On peut bien en toute
sûreté s'en fier à la prudence de celui qui occupe
un ouvrier, pour juger si cet ouvrier mérite de
l'emploi, puisqu'il y va assez de son propre intérêt. Cette sollicitude qu'affecte le législateur,
pour prévenir qu'on n'emploie des personnes
incapables, est évidemment aussi absurde qu'op-
pressive.

De longs apprentissages ne sont nullement nécessaires. Un art bien supérieur aux métiers
ordinaires, celui de faire des montres et des
pendules, ne renferme pas de secrets qui exi-

gent un long cours d'instruction. A la vérité, la
première invention de ces belles machines, et
même celle de quelques instruments qu'on emploie pour les faire, doit être le fruit de beaucoup
de temps et d'une méditation profonde, et elle
peut passer avec raison pour un des plus heureux efforts de l'industrie humaine. Mais les uns
et les autres étant une fois inventés et parfaitement connus, expliquer à un jeune homme, le
plus complètement possible, la manière d'appliquer ces instruments et de construire ces
machines, doit être au plus l'affaire de quelques
semaines de leçons : peut-être même serait-
ce assez de quelques jours. Dans les arts méca-
niques ordinaires, quelques jours pourraient
suffire. A la vérité, la dextérité de la main, même
dans les métiers les plus simples, ne peut s'acquérir qu'à l'aide de beaucoup de pratique et
d'expérience. Mais un jeune homme travaillerait
avec bien plus de zèle et d'attention, si dès le
commencement il travaillait comme ouvrier, en
recevant une paye proportionnée au peu d'ouvrage qu'il exécuterait, et en payant à son tour
les matières qu'il pourrait gâter par maladresse
ou défaut d'habitude. Par ce moyen son éduc-
cation serait, en général, plus efficace, et toujours moins longue et moins coûteuse. Le maître,
il est vrai, pourrait perdre à ce compte ; il y
perdrait tous les salaires de l'apprenti, qu'il
épargne à présent pendant sept ans de suite ;
peut-être bien aussi que l'apprenti lui-même

pourrait y perdre. Dans un métier appris aussi
aisément, il aurait plus de concurrents, et quand
l'apprenti serait devenu ouvrier parfait, son
salaire serait beaucoup moindre qu'il ne l'est
aujourd'hui. La même augmentation de concurrence abaisserait les profits des maîtres tout
comme le salaire des ouvriers. Les gens de métier et artisans de toute sorte, ceux qui exploitent des procédés secrets, perdraient sous ce
rapport, mais le public y gagnerait, car tous les
produits de la main-d'œuvre arriveraient alors
au marché à beaucoup meilleur compte.

C'est pour prévenir cette réduction de prix et,
par conséquent, de salaires et de profits, en restreignant la libre concurrence qui n'eût pas
manqué d'y donner lieu, que toutes les corporations et la plus grande partie des lois qui les
concernent ont été établies.

C'est ainsi que la police des pays de l'Europe,
en restreignant dans quelques localités la concurrence à un plus petit nombre de personnes
que celui qui s'y serait porté sans cela, donne lieu
à une inégalité très considérable dans la somme
totale des avantages et désavantages des divers
emplois du travail et des capitaux.

Les grandes routes bien entretenues, les canaux et les rivières navigables, en diminuant
les frais de transport, rapprochent du niveau
commun les parties reculées de la-campagne et
celles qui avoisinent la ville. Ce sont aussi, par
cette raison, les plus importantes des améliora-

tions ; elles encouragent la culture des terres les plus éloignées, qui forment nécessairement dans un pays la portion la plus étendue de sa surface. Elles sont avantageuses à la ville, en détruisant le monopole des campagnes situées dans son voisinage ; elles sont même avantageuses à cette dernière partie des campagnes. Si elles donnent lieu à introduire dans l'ancien marché quelques denrées rivales du produit de ces campagnes voisines, elles ouvrent aussi à ce produit plusieurs marchés nouveaux. Le monopole d'ailleurs est un des grands ennemis d'une bonne gestion, laquelle ne peut jamais s'établir universellement dans un pays, qu'autant que chacun se voit forcé, par une concurrence libre et générale, d'y avoir recours pour la défense de ses propres intérêts. Il n'y a pas plus de cinquante ans que quelques-uns des comtés voisins de Londres présentèrent au Parlement une pétition contre le projet d'étendre les *routes entretenues* aux comtés plus éloignés de la capitale. Ces provinces éloignées, disaient-ils, en conséquence du bas prix de la main-d'œuvre, pourraient vendre leurs grains et fourrages à meilleur compte que nous au marché de Londres, et par ce moyen réduiraient nos fermages et ruineraient notre culture. Cependant, depuis ce temps, ces réclamants ont vu leurs fermages s'augmenter et leur culture s'améliorer.

CONCLUSION.

Je terminerai ce long chapitre en remarquant que toute amélioration qui se fait dans l'état de la société tend, d'une manière directe ou indirecte, à faire hausser la rente réelle de la terre, à augmenter la richesse réelle du propriétaire, c'est-à-dire son pouvoir d'acheter le travail d'autrui ou le produit du travail d'autrui.

L'extension de l'amélioration des terres et de la culture y tend d'une manière directe. La part du propriétaire dans le produit augmente nécessairement à mesure que le produit augmente.

La hausse qui survient dans le prix réel de ces sortes de produits bruts, dont le renchérissement est d'abord l'effet de l'amélioration et de la culture et devient ensuite la cause de leurs progrès ultérieurs, la hausse, par exemple, du prix du bétail, tend aussi à élever, d'une manière directe, la rente du propriétaire et dans une proportion encore plus forte. Non seulement la valeur réelle de la part du propriétaire, le pouvoir réel que cette part lui donne sur le travail d'autrui, augmentent avec la valeur réelle du produit, mais encore la proportion de cette part, relativement au produit total, augmente aussi avec cette valeur. Ce produit, après avoir haussé dans son prix réel, n'exige pas plus de travail, pour être recueilli, qu'il n'en exigeait auparavant. Par conséquent, il faudra une moindre portion qu'auparavant de ce produit pour suffire à remplacer le capital qui fait mouvoir ce travail, y compris les profits ordinaires de ce capital. La portion restante du produit, qui est la part du propriétaire, sera donc plus grande, relativement au tout, qu'elle ne l'était auparavant.

Tous les progrès, dans la puissance productive du travail, qui tendent directement à réduire le prix réel des ouvrages de manufacture, tendent indirectement à élever la rente réelle de la terre. C'est contre des produits manufacturés que le propriétaire échange cette partie de son produit brut qui excède sa consommation personnelle, ou, ce qui revient au même, le prix de cette partie. Tout ce qui réduit le prix réel de ce premier genre de produit élève le prix réel du second ; une même quantité de ce produit brut répond dès lors à une plus grande quantité de ce produit manufacturé, et le propriétaire se trouve à portée d'acheter une plus grande quantité des choses de commodité, d'ornement ou de luxe qu'il désire se procurer.

Toute augmentation dans la richesse réelle de la société, toute augmentation dans la masse de travail utile qui y est mis en œuvre, tend indirectement à élever la rente réelle de la terre. Une certaine portion de ce surcroît de travail va naturellement à la terre. Il y a un plus grand nombre d'hommes et de bestiaux employés à sa

culture ; le produit croît à mesure que s'augmente ainsi le capital destiné à le faire naître,
et la rente grossit avec le produit.

Les circonstances opposées, c'est-à-dire le défaut d'amélioration, la culture négligée, la baisse
du prix réel de quelque partie du produit brut
de la terre, la hausse du prix réel des manufactures, causée par le déclin de l'industrie et de
l'art des fabricants, enfin la diminution de la
richesse réelle de la société, toutes ces choses
tendent, d'un autre côté, à faire baisser la rente
réelle de la terre, à diminuer la richesse réelle
du propriétaire, c'est-à-dire à retrancher de son
pouvoir sur le travail d'autrui ou sur le produit de ce travail.

La masse totale du produit annuel de la terre
et du travail d'un pays, ou, ce qui revient au
même, la somme totale du prix de ce produit
annuel, se divise naturellement, comme on l'a
déjà observé, en trois parties : la *rente* de la
terre, les *salaires* du travail, les *profits* des
capitaux, et elle constitue un revenu à trois
différentes classes du peuple : à ceux qui vivent
de *rentes*, à ceux qui vivent de *salaires*, à ceux
qui vivent de *profits*. Ces trois grandes classes
sont les classes primitives et constituantes de
toute société civilisée, du revenu desquelles
toute autre classe tire en dernier résultat le sien.

Ce que nous venons de dire plus haut fait
voir que l'intérêt de la première de ces trois
grandes classes est étroitement et inséparable-

ment lié à l'intérêt général de la société. Tout
ce qui porte profit ou dommage à l'un de ces
intérêts en porte aussi nécessairement à l'autre.
Quand la nation délibère sur quelque règlement
de commerce ou d'administration, les propriétaires des terres ne la pourront jamais égarer,
même en n'écoutant que la voix de l'intérêt particulier de leur classe, au moins si on leur suppose
les plus simples connaissances sur ce qui constitue cet intérêt. A la vérité, il n'est que trop
ordinaire qu'ils manquent même de ces simples
connaissances. Des trois classes, c'est la seule à
laquelle son revenu ne coûte ni travail ni souci,
mais à laquelle il vient, pour ainsi dire, de lui-
même, et sans qu'elle y apporte aucun dessein
ni plan quelconque. Cette insouciance, qui est
l'effet naturel d'une situation aussi tranquille
et aussi commode, ne laisse que trop souvent
les gens de cette classe, non seulement dans
l'ignorance des conséquences que peut avoir un
règlement général, mais les rend même incapables de cette application d'esprit qui est nécessaire pour comprendre et pour prévoir ces
conséquences.

L'intérêt de la seconde classe, celle qui vit de
salaires, est tout aussi étroitement lié que celui
de la première à l'intérêt général de la société.
On a déjà fait voir que les salaires de l'ouvrier
n'étaient jamais si élevés que lorsque la demande d'ouvriers va toujours en croissant, et
quand la quantité de travail mise en œuvre

augmente considérablement d'année en année.
Quand cette richesse réelle de la société est dans
un état stationnaire, les salaires de l'ouvrier
sont bientôt réduits au taux purement suffisant
pour le mettre en état d'élever des enfants et
de perpétuer sa race. Quand la société vient
a déchoir, ils tombent même au-dessous de
ce taux. La classe des propriétaires peut gagner
peut-être plus que celle-ci à la prospérité de la
société; mais aucune ne souffre aussi cruelle-
ment de son déclin que la classe des ouvriers.
Cependant, quoique l'intérêt de l'ouvrier soit
aussi étroitement lié avec celui de la société, il
est incapable, ou de connaître l'intérêt général,
ou d'en sentir la liaison avec le sien propre. Sa
condition ne lui laisse pas le temps de prendre
les informations nécessaires; et en supposant
qu'il pût se les procurer complètement, son
éducation et ses habitudes sont telles, qu'il n'en
serait pas moins hors d'état de bien décider.
Aussi, dans les délibérations publiques, ne lui
demande-t-on guère son avis, bien moins encore
y a-t-on égard, si ce n'est dans quelques circonstances particulières où ses clameurs sont
excitées, dirigées et soutenues par les gens qui
l'emploient, et pour servir en cela leurs vues
particulières plutôt que les siennes.

Ceux qui emploient l'ouvrier constituent la
troisième classe, celle des gens qui vivent de
profits. C'est le capital qu'on emploie en vue
d'en retirer du profit qui met en mouvement

la plus grande partie du travail utile d'une société. Les opérations les plus importantes du travail sont réglées et dirigées d'après les plans et les spéculations de ceux qui emploient les capitaux ; et le but qu'ils se proposent dans tous ces plans et ces spéculations, c'est le profit. Or, le taux des profits ne hausse point, comme la rente et les salaires, avec la prospérité de la société, et ne tombe pas, comme eux, avec sa décadence. Au contraire, ce taux est naturellement bas dans les pays riches, et élevé dans les pays pauvres; jamais il n'est aussi élevé que dans ceux qui se précipitent le plus rapidement vers leur ruine. L'intérêt de cette troisième classe n'a donc pas la même liaison que celui des deux autres avec l'intérêt général de la société. Les marchands et les maîtres manufacturiers sont, dans cette classe, les deux sortes de gens qui emploient communément les plus gros capitaux et qui, par leurs richesses, s'y attirent le plus de considération. Comme dans tout le cours de leur vie ils sont occupés de projets et de spéculations, ils ont, en général, plus de subtilité dans l'entendement que la majeure partie des propriétaires de la campagne. Cependant, comme leur intelligence s'exerce ordinairement plutôt sur ce qui concerne l'intérêt de la branche particulière d'affaires dont ils se mêlent, que sur ce qui touche le bien général de la société, leur avis, en le supposant donné de la meilleure foi du monde (ce qui n'est pas toujours arrivé) sera beaucoup plus sujet à l'influence du premier de ces deux intérêts, qu'à celle de l'autre. Leur supériorité sur le propriétaire de la campagne ne consiste pas tant dans une plus parfaite connaissance de l'intérêt général, que dans une connaissance de leurs propres intérêts, plus exacte que celle que celui-ci a des siens. C'est avec cette connaissance supérieure de leurs propres intérêts qu'ils ont souvent surpris sa générosité, et qu'ils l'ont induit à abandonner à la fois la défense de son propre intérêt et celle de l'intérêt public, en persuadant à sa trop crédule honnêteté que c'était leur intérêt, et non le sien, qui était le bien général.

Cependant, l'intérêt particulier de ceux qui exercent une branche particulière de commerce ou de manufacture est toujours, à quelques égards, différent et même contraire à celui du public. L'intérêt du marchand est toujours d'agrandir le marché et de restreindre la concurrence des vendeurs. Il peut souvent convenir assez au bien général d'agrandir le marché, mais de restreindre la concurrence des vendeurs lui est toujours contraire, et ne peut servir à rien, sinon à mettre les marchands à même de hausser leur profit au-dessus de ce qu'il serait naturellement, et de lever, pour leur propre compte, un tribut injuste sur leurs concitoyens. Toute proposition d'une loi nouvelle ou d'un règlement de commerce, qui vient de la part de cette classe de gens, doit toujours être reçue avec la plus grande défiance, et ne jamais être adoptée qu'après un long et sérieux examen auquel il faut apporter, je ne dis pas seulement la plus scrupuleuse, mais la plus soupçonneuse attention. Cette proposition vient d'une classe de gens dont l'intérêt ne saurait jamais être exactement le même que l'intérêt de la société. qui ont, en général, intérêt à tromper le public et même à le surcharger et qui, en conséquence, ont déjà fait l'un et l'autre en beaucoup d'occasions.

LIVRE II

DE LA NATURE DES CAPITAUX, DE LEUR ACCUMULATION ET DE LEUR EMPLOI.

INTRODUCTION.

Quand la société est encore dans cet état d'enfance où il n'y a aucune division de travail, où il ne se fait presque point d'échanges et où chaque individu pourvoit lui-même à tous ses besoins, il n'est pas nécessaire qu'il existe aucun fonds accumulé ou amassé d'avance pour faire marcher les affaires de la société. Chaque homme cherche, dans sa propre industrie, les moyens de satisfaire aux besoins du moment, à mesure qu'ils se font sentir. Quand la faim le presse, il s'en va chasser dans la forêt; quand son vêtement est usé, il s'habille avec la peau du premier animal qu'il tue; et si sa hutte commence à menacer ruine, il la répare, du mieux qu'il peut, avec les branches d'arbre et la terre qui se trouvent sous sa main.

Mais, quand une fois la division du travail est

généralement établie, un homme ne peut plus
appliquer son travail personnel qu'à une bien
petite partie des besoins qui lui surviennent. Il
pourvoit à la plus grande partie de ces besoins
par les produits du travail d'autrui achetés avec
le produit de son travail, ou, ce qui revient au
même, avec le prix de ce produit. Or, cet achat
ne peut se faire à moins qu'il n'ait eu le temps,
non seulement d'achever tout à fait, mais encore
de vendre le produit de son travail. Il faut donc
qu'en attendant il existe quelque part un fonds
de denrées de différentes espèces, amassé d'avance
pour le faire subsister et lui fournir, en outre,
la matière et les instruments nécessaires à son
ouvrage. Un tisserand ne peut pas vaquer
entièrement à sa besogne particulière s'il n'y a
quelque part, soit en sa possesssion, soit en celle
d'un tiers, une provison faite par avance, où il
trouve de quoi subsister et de quoi se fournir
des outils de son métier et de la matière de son
ouvrage, jusqu'à ce que sa toile puisse être non
seulement achevée, mais encore vendue. Il est
évident qu'il faut que l'accumulation précède
le moment où il pourra appliquer son industrie
à entreprendre et achever cette besogne.

Puis donc que, dans la nature des choses, l'accumulation d'un *capital* est un préalable nécessaire à la division du travail, le travail ne peut
recevoir des subdivisions ultérieures qu'en proportion de l'accumulation progressive des capitaux. A mesure que le travail se subdivise, la

quantité de matières qu'un même nombre de personnes peut mettre en œuvre augmente dans une grande proportion ; et comme la tâche de chaque ouvrier se trouve successivement réduite à un plus grand degré de simplicité, il arrive qu'on invente une foule de nouvelles machines pour faciliter et abréger ces tâches. A mesure donc que la division du travail devient plus grande, il faut, pour qu'un même nombre d'ouvriers soit constamment occupé, qu'on accumule d'avance une égale provision de vivres, et une provision de matières et d'outils plus forte que celle qui aurait été nécessaire dans un état de choses moins avancé. Or, le nombre des ouvriers augmente, en général, dans chaque branche d'industrie, en même temps qu'y augmente la division du travail, ou plutôt c'est l'augmentation de leur nombre qui les met à portée de se classer et de se subdiviser de cette manière.

De même que le travail ne peut acquérir cette grande extension de puissance productive sans une accumulation préalable de capitaux, de même l'accumulation des capitaux amène naturellement cette extension. La personne qui emploie son capital à faire travailler cherche nécessairement à l'employer de manière à ce qu'il produise la plus grande quantité possible d'ouvrage ; elle tâche donc à la fois d'établir entre ses ouvriers la distribution de travaux la plus convenable, et de les fournir des meilleures machines qu'elle puisse imaginer ou qu'elle soit à

même de se procurer. Ses moyens pour réussir
dans ces deux objets sont proportionnés, en général, à l'étendue de son capital ou au nombre de
gens que ce capital peut tenir occupés. Ainsi,
non seulement la quantité d'industrie augmente
dans un pays en raison de l'accroissement du
capital qui la met en activité, mais encore, par
une suite de cet accoissement, la même quantité
d'industrie produit une beaucoup plus grande
quantité d'ouvrages.

Tels sont, en général, les effets de l'accroissement des capitaux sur l'industrie et sur la puissance productive.

Dans le livre suivant, j'ai cherché à expliquer
la nature des fonds, les effets qui résultent de
leur accumulation en *capitaux* de différentes
espèces, et les effets qui résultent des divers emplois de ces capitaux. Ce livre est divisé en cinq
chapitres.

Dans le premier chapitre, j'ai tâché d'exposer
quelles sont les différentes parties dans lesquelles se divise naturellement le *Fonds acumulé*
d'un individu, ainsi que celui d'une grande
société.

Dans le second, j'ai traité de la nature et des
opérations de l'*argent* considéré comme une
branche particulière du capital général de la
société.

Le fonds qu'on a accumulé pour en faire un
capital peut être employé par la personne à qui

il appartient, ou il peut être prêté à un tiers ; la
manière dont il opère dans l'une et l'autre de ces
circonstances est examinée dans les troisième et
quatrième chapitres.

Le cinquième et dernier chapitre traite des
différents effets que les emplois différents des
capitaux produisent immédiatement, tant sur
la quantité d'industrie nationale mise en activité,
que sur la quantité du produit annuel des
terres et du travail de la société.

———

I

DES DIVERSES BRANCHES DANS LESQUELLES SE DIVISENT LES CAPITAUX.

Quand le fonds accumulé qu'un homme possède suffit tout au plus pour le faire subsister pendant quelques jours ou quelques semaines, il est rare qu'il songe à en tirer un revenu. Il le consomme en le ménageant le plus qu'il peut, et il tâche de gagner par son travail de quoi le remplacer avant qu'il soit entièrement consommé. Dans ce cas, tout son revenu procède de son travail seulement; c'est la condition de la majeure partie des ouvriers pauvres dans tous les pays.

Mais quand un homme possède un fonds accumulé suffisant pour le faire vivre des mois ou des années, il cherche naturellement à tirer un revenu de la majeure partie de ce fonds, en réservant seulement pour sa consommation actuelle autant qu'il lui en faut pour le faire subsister jusqu'à ce que son revenu commence à lui rentrer. On peut donc distinguer en deux parties la totalité de ce fonds : celle dont il espère tirer un revenu s'appelle son capital; l'autre est celle qui fournit immédiatement à sa consommation

et qui consiste, ou bien, en premier lieu, dans
cette portion de son fonds accumulé qu'il a originairement réservée pour cela ; ou bien, en second lieu, dans son revenu, de quelque source
qu'il provienne, à mesure qu'il lui rentre successivement ; ou bien, en troisième lieu, dans les
effets par lui achetés les années précédentes
avec l'une ou l'autre de ces choses, et qui ne
sont pas encore entièrement consommés, tels
qu'un fonds d'habits, d'ustensiles de ménage et
autres effets semblables. L'un ou l'autre de ces
trois articles, ou tous les trois, composent toujours le fonds que les hommes réservent d'ordinaire pour servir immédiatement à leur consommation personnelle.

Il y a deux manières différentes d'employer
un capital pour qu'il rende un revenu ou profit à celui qui l'emploie.

D'abord on peut l'employer à faire croître
des denrées, à les manufacturer ou à les acheter
pour les revendre avec profit. Le capital employé
de cette manière ne peut rendre à son maître
de revenu ou de profit tant qu'il reste en sa possession ou tant qu'il garde la même forme. Les
marchandises d'un négociant ne lui donneront
point de revenu ou de profit avant qu'il les ait
converties en argent, et cet argent ne lui en donnera pas davantage avant qu'il l'ait de nouveau
changé contre des marchandises. Ce capital sort
continuellement de ses mains sous une forme pour
y rentrer sous une autre, et ce n'est qu'au moyen

de cette circulation ou de ces échanges successifs qu'il peut lui rendre quelque profit. Des capitaux de ce genre peuvent donc être très proprement nommés CAPITAUX CIRCULANTS.

En second lieu, on peut employer un capital à améliorer des terres ou à acheter des machines utiles et des instruments d'industrie, ou d'autres choses semblables qui puissent donner un revenu ou profit, sans changer de maître ou sans qu'elles aient besoin de circuler davantage ; ces sortes de capitaux peuvent donc très bien être distingués par le nom de CAPITAUX FIXES.

Des professions différentes exigent des proportions très différentes entre le capital fixe et le capital circulant qu'on y emploie.

Le capital d'un marchand, par exemple, est tout entier capital circulant. Il n'a pas besoin de machines ou d'instruments d'industrie, à moins qu'on ne regarde comme tels sa boutique ou son magasin.

Un maître artisan ou manufacturier a toujours nécessairement une partie de son capital qui est fixe, celle qui compose les instruments de son métier. Cependant, pour certains artisans, ce n'en est qu'une très petite partie ; pour d'autres, c'en est une très grande. Les outils d'un maître tailleur ne consistent qu'en quelques aiguilles ; ceux d'un maître cordonnier sont un peu plus coûteux, mais bien peu ; ceux du maître tisserand sont beaucoup plus chers que ceux du cordonnier. Tous ces artisans ont la plus grande partie de leur capital qui circule, soit dans les salaires de leurs ouvriers, soit dans le prix de leurs matières, et qui ensuite leur rentre avec profit dans le prix de l'ouvrage.

Il y a d'autres genres de travail qui exigent un capital fixe beaucoup plus considérable. Dans une fabrique de fer en gros, par exemple, le fourneau pour fondre le minerai, la forge, les machines de la fonderie, sont des instruments d'industrie qui ne peuvent s'établir qu'à très grands frais. Dans les travaux des mines de charbon et des mines de toute espèce, les machines nécessaires pour détourner l'eau et pour d'autres opérations sont souvent encore plus dispendieuses.

Cette partie du capital du fermier qu'il emploie aux instruments d'agriculture est un capital fixe; celle qu'il emploie en salaires et subsistances de ses valets de labour est un capital circulant. Il tire un profit de l'un en le gardant en sa possession, et de l'autre en s'en dessaisissant. Le prix ou la valeur des bestiaux qu'il emploie à ses travaux est un capital fixe tout comme le prix de ses instruments d'agriculture; leur nourriture est un capital circulant tout comme celle de ses valets de labour. Il fait un profit sur ses bestiaux de labourage et de charroi en les gardant, et sur leur nourriture en la mettant hors de ses mains. Mais quant au bétail qu'il achète et qu'il engraisse, non pour le faire travailler, mais pour le revendre, le prix et la nourriture de ce bétail sont l'un et l'autre un capital circulant; car il n'en retire de profit qu'en s'en dessaisissant. Dans les pays de pacages, un troupeau de moutons ou de gros bétail, qu'on n'achète ni pour le faire travailler ni pour le revendre, mais pour faire un profit sur la laine, sur le lait et sur le croît du troupeau, est un capital fixe. Le profit de ces bestiaux se fait en les gardant ; leur nourriture est un capital circulant : on en tire profit en le mettant hors de ses mains, et ce capital revient ensuite avec son profit et avec celui du prix total du troupeau, dans le prix de la laine, du lait et du croît. La valeur entière des semences est aussi, à proprement parler, un capital fixe. Bien qu'elles aillent et reviennent sans cesse du champ au grenier, elles ne changent néanmoins jamais de maître, et ainsi on ne peut pas dire proprement qu'elles donnent au fermier un revenu qui procède de leur multiplication, et non de leur vente.

Pris en masse, le fonds accumulé que possède un pays ou une société est le même que celui de ses habitants ou de ses membres; il se divise donc naturellement en ces trois mêmes branches, dont chacune remplit une fonction distincte.

La première est cette *portion réservée pour*

servir immédiatement à la consommation, et
dont le caractère distinctif est de ne point rapporter de revenu ou de profit. Elle consiste dans
ce fonds de vivres, d'habits, de meubles de ménage, etc., qui ont été achetés par leurs consommateurs, mais qui ne sont pas encore entièrement consommés. Une partie encore de cette
première branche, c'est le fonds total des maisons de pure habitation, existant actuellement
dans le pays. Le capital qu'on place en une
maison, si elle est destinée à être le logement
du propriétaire, cesse dès ce moment de faire
fonction de capital ou de rapporter à son maître
un revenu. Une maison servant de logement ne
contribue en rien, sous ce rapport, au revenu
de celui qui l'occupe ; et quoique, sans contredit, elle lui soit extrêmement utile, elle l'est
comme ses habits et ses meubles de ménage,
qui lui sont aussi très utiles, mais qui pourtant
font une partie de sa dépense et non pas de son
revenu. Si la maison est destinée à être louée à
quelqu'un, comme elle ne peut rien produire
par elle-même, il faut toujours que le locataire
tire le loyer qu'il paye de quelque autre revenu
qui lui vient ou de son travail, ou d'un capital,
ou d'une terre. Ainsi, quoiqu'une maison puisse
donner un revenu à son propriétaire, et par là
lui tenir lieu d'un capital, elle ne peut donner
aucun revenu au public, ni faire, à l'égard de la
société, fonction de capital ; elle ne peut jamais
ajouter la plus petite chose au revenu du corps

de la nation. Les habits et les meubles meublants rapportent bien aussi quelquefois un revenu de la même manière à certains particuliers, auxquels ils tiennent lieu d'un capital. Dans les pays où les mascarades sont beaucoup en usage, c'est un métier que de louer des habits de masque pour une nuit. Les tapissiers louent fort souvent des ameublements au mois ou à l'année. Les entrepreneurs des convois louent, au jour ou à la semaine, l'attirail qui sert aux funérailles. Beaucoup de gens louent des maisons garnies et tirent un revenu, non seulement du loyer de la maison, mais encore de celui des meubles. Toutefois, le revenu qu'on retire de toutes les choses de cette espèce provient toujours, en dernière analyse, de quelque autre source de revenu. De toutes les parties de son fonds accumulé qu'un individu ou qu'une société réserve pour servir immédiatement à sa consommation, celle qui est placée en maisons est celle qui se consomme le plus lentement; un fonds de garde-robe peut durer plusieurs années; un fonds de meubles meublants peut durer un demi-siècle ou un siècle; mais un fonds de maisons bien bâties et bien entretenues peut en durer plusieurs. En outre, quoique le terme de leur consommation totale soit plus éloigné, elles n'en sont pas moins un fonds destiné à servir immédiatement à la consommation, tout aussi réellement que les habits ou les meubles.

La seconde des trois branches dans lesquelles se divise le fonds général d'une société est le CAPITAL FIXE, dont le caractère distinctif est de rapporter un revenu ou profit sans changer de maître. Il consiste principalement dans les quatre articles suivants :

1° Toutes les Machines utiles et instruments d'industrie qui facilitent et abrègent le travail;

2° Tous les Bâtiments destinés à un objet utile, et qui sont des moyens de revenu, non seulement pour le propriétaire qui en retire un loyer en les louant, mais même pour la personne qui les occupe et qui en paye le loyer; tels que les boutiques, les magasins, les ateliers, les bâtiments d'une ferme, avec toutes leurs dépendances nécessaires, étables, granges, etc. Ces bâtiments sont fort différents des maisons purement d'habitation : ce sont des espèces d'instruments d'industrie, et on peut les considérer sous le même point de vue que ceux-ci.

3° Les améliorations des Terres : tout ce qu'on a dépensé d'une manière profitable à les défricher, dessécher, enclore, marner, fumer et mettre dans l'état le plus propre à la culture et au labourage. Une ferme améliorée peut, avec grande raison, être considérée sous le même point de vue que ces machines utiles qui facilitent et abrègent le travail, et par le moyen desquelles le même capital circulant peut rapporter à son maître un bien plus grand revenu. Une ferme améliorée est aussi avantageuse et beaucoup plus durable qu'aucune de ces machines; le plus souvent, les seules réparations qu'elle exige, c'est que le fermier applique de la manière la plus profitable le capital qu'il emploie à la faire valoir.

4° Les Talents utiles acquis par les habitants ou membres de la société. L'acquisition de ces talents coûte toujours une dépense réelle produite par l'entretien de celui qui les acquiert, pendant le temps de son éducation, de son apprentissage ou de ses études, et cette dépense est un capital fixé et réalisé, pour ainsi dire, dans sa personne. Si ces talents composent une partie de sa fortune, ils composent pareillement une partie de la fortune de la société à laquelle il appartient. La dextérité perfectionnée, dans un ouvrier, peut être considérée sous le même point de vue qu'une machine ou un instrument d'industrie qui facilite et abrège le travail, et qui, malgré la dépense qu'il a coûtée, restitue cette dépense avec un profit.

La troisième et dernière des trois branches dans lesquelles se divise naturellement le fonds général que possède une société, c'est son CAPITAL CIRCULANT, dont le caractère distinctif est de ne rapporter de revenu qu'en circulant ou changeant de maître. Il est aussi composé de quatre articles :

1° L'Argent, par le moyen duquel les trois autres circulent et se distribuent à ceux qui en font usage et consommation.

2º Ce fonds de Vivres qui est dans la possession des bouchers, nourrisseurs de bestiaux, fermiers, marchands de blé, brasseurs, etc., et de la vente desquels ils espèrent tirer un profit.

3º Ce fonds de Matières, ou encore tout à fait brutes, ou déjà plus ou moins manufacturées, destinées à l'habillement, à l'ameublement et à la bâtisse, qui ne sont préparées sous aucune de ces trois formes, mais qui sont encore dans les mains des producteurs, des manufacturiers, des merciers, des drapiers, des marchands de bois en gros, des charpentiers, des menuisiers, des maçons, etc.

4º Enfin, l'Ouvrage fait et parfait, mais qui est encore dans les mains du marchand ou manufacturier, et qui n'est pas encore débité ou distribué à celui qui doit en user ou le consommer ; tels que ces ouvrages tout faits que nous voyons souvent exposés dans les boutiques du serrurier, du menuisier en meubles, de l'orfèvre, du joaillier, du faïencier, etc.

Ainsi, le Capital circulant se compose des Vivres, des Matières et de l'Ouvrage fait de toute espèce, tant qu'ils sont dans les mains de leurs marchands respectifs, et enfin de l'Argent qui est nécessaire pour la circulation de ces choses et pour leur distribution dans les mains de ceux qui doivent en définitive s'en servir ou les consommer.

De ces quatre articles, il y en a trois, les vivres, les matières et l'ouvrage fait, qui sont

régulièrement, soit dans le cours de l'année,
soit dans une période plus longue ou plus courte,
retirés de ce capital circulant, pour être placés,
ou en capital fixe, ou en fonds de consommation.

Tout capital fixe provient originairement d'un
capital circulant, et a besoin d'être continuellement entretenu aux dépens d'un capital circulant. Toutes les machines utiles et instruments
d'industrie sont, dans le principe, tirés d'un capital circulant, qui fournit les matières dont ils
sont fabriqués et la subsistance des ouvriers
qui les font. Pour les tenir constamment en bon
état, il faut encore recourir à un capital du
même genre.

Aucun capital fixe ne peut donner de revenu
que par le moyen d'un capital circulant. Les
machines et les instruments d'industrie les plus
utiles ne produiront rien sans un capital circulant qui leur fournisse la matière qu'ils sont
propres à mettre en œuvre, et la subsistance des
ouvriers qui les emploient. Quelque améliorée
que soit la terre, elle ne rendra pas de revenu
sans un capital circulant qui fasse subsister les
ouvriers qui la cultivent et ceux qui recueillent
son produit.

Les capitaux tant fixes que circulants n'ont
pas d'autre but ni d'autre destination que d'entretenir et d'augmenter le fonds de consommation. C'est ce fonds qui nourrit, habille et loge
le peuple. Les gens sont riches ou pauvres

selon que le fonds destiné à servir immédiatement à leur consommation se trouve dans le cas
d'être approvisionné, avec abondance ou avec
parcimonie, par ces deux capitaux.

Puisqu'on retire continuellement une si grande
partie du capital circulant pour être versée dans
les deux autres branches du fonds général de
la société, ce capital a besoin à son tour d'être
renouvelé par des approvisionnements continuels, sans quoi il serait bientôt réduit à rien.
Ces approvisionnements sont tirés de trois
sources principales : le produit de la terre, celui
des mines et celui des pêcheries. Ces sources
ramènent continuellement de nouvelles provisions de vivres et de matières, dont une partie
est ensuite convertie en ouvrage fait, et qui remplace ainsi ce qu'on puise continuellement de
vivres, de matières et d'ouvrage fait, dans le
capital circulant. C'est aussi des mines que l'on
tire ce qui est nécessaire pour entretenir et pour
augmenter cette partie du capital circulant qui
consiste dans ce qu'on nomme l'argent ; car bien
que, dans le cours ordinaire des affaires, cette
partie ne soit pas, comme les trois autres, nécessairement retirée du capital circulant pour être
placée dans les deux autres branches du fonds
général de la société, elle a toutefois le sort de
toutes les autres choses, qui est de s'user et de
se détruire à la fin, et en outre elle est sujette
à se perdre ou à être envoyée au dehors et, par
conséquent, il faut aussi qu'elle reçoive des

remplacements continuels, quoique sans contredit dans une bien moindre proportion.

La terre, les mines et les pêcheries ont toutes
besoin, pour être exploitées, de capitaux fixes
et circulants, et leur produit remplace avec profit non seulement ces capitaux, mais tous les
autres capitaux de la société. Ainsi, le fermier
remplace annuellement au manufacturier les
vivres que celui-ci a consommés et les matières
qu'il a mises en œuvre l'année précédente, et le
manufacturier remplace au fermier l'ouvrage
que celui-ci a usé ou détruit pendant le même
temps. C'est là l'échange qui se fait réellement
chaque année entre ces deux classes de producteurs, quoiqu'il arrive rarement que le produit
brut de l'un et le produit manufacturier de
l'autre soient troqués directement l'un contre
l'autre, parce qu'il ne se trouve guère que le
fermier vende son blé et son bétail, son lin et
sa laine justement à la même personne chez laquelle il juge à propos d'acheter les habits, les
meubles et les outils dont il a besoin. Il vend
donc son produit brut pour de l'argent, moyennant lequel il peut acheter pártout où bon lui
semble le produit manufacturé qui lui est nécessaire. La terre elle-même remplace, au moins
en partie, les capitaux qui servent à exploiter
les mines et les pêcheries. C'est le produit de la
terre qui sert à tirer le poisson des eaux, et
c'est avec le produit de la surface de la terre
qu'on extrait les minéraux de ses entrailles.

En supposant des terres, des mines et des pêcheries d'une égale fécondité, le produit qu'elles rendront sera en proportion de l'étendue des capitaux qu'on emploiera à leur culture et exploitation, et de la manière plus ou moins convenable dont ces capitaux seront appliqués. En supposant des capitaux égaux et également bien appliqués, ce produit sera en proportion de la fécondité naturelle des terres, des mines et des pêcheries.

Dans tous les pays où les personnes et les propriétés sont un peu protégées, tout homme ayant ce qu'on appelle le sens commun cherchera à employer le fonds accumulé qui est à sa disposition, quel qu'il soit, de manière à en retirer, ou une jouissance pour le moment, ou un profit pour l'avenir. S'il l'emploie à se procurer une jouissance actuelle, c'est alors un fonds destiné à servir immédiatement à la consommation. S'il l'emploie à se procurer un profit pour l'avenir, il ne peut obtenir ce profit que de deux manières, ou en gardant ce fonds, ou en s'en dessaisissant. Dans le premier cas, c'est un capital fixe; dans le second, c'est un capital circulant. Dans un pays qui jouit de quelque sécurité, il faut qu'un homme soit tout à fait hors de son bon sens pour qu'il n'emploie pas, de l'une ou de l'autre de ces trois manières, tout le fonds accumulé qui est à sa disposition, soit qu'il l'ait en propre, soit qu'il l'ait emprunté d'un tiers.

A la vérité, dans ces malheureuses contrées

où les hommes ont à redouter sans cesse les
violences de leurs maîtres, il leur arrive souvent
d'enfouir ou de cacher une grande partie des
fonds accumulés, afin de les avoir en tout temps
sous la main pour les emporter avec eux dans
quelque asile, au moment où l'un de ces revers
auxquels on se voit continuellemeut exposé
viendra menacer l'existence.

Cette pratique est, dit-on, très commune en
Turquie, dans l'Indostan, et sans doute dans la
plupart des autres gouvernements d'Asie. Il paraît qu'elle a été fort en vogue chez nos ancêtres,
pendant les désordres du gouvernement féodal.
Les trésors trouvés ne fournissaient pas alors
une branche peu importante du revenu des plus
grands souverains de l'Europe. On comprenait
sous ce nom les trésors qu'on trouvait cachés en
terre, et auxquels personne ne pouvait prouver
avoir droit. Cet article formait une branche de
revenu assez importante pour être toujours ré-
puté appartenir au souverain et non pas à celui
qui avait trouvé le trésor, ni au propriétaire de
la terre, à moins que celui-ci, par une clause
expresse de sa charte, n'eût obtenu la concession
de ce droit régalien. La découverte des trésors
était assimilée aux mines d'or et d'argent, qui,
à moins d'une clause spéciale, n'étaient jamais
censées comprises dans la cession générale de
la terre, quoique les mines de plomb, de cuivre,
d'étain et de charbon y fussent comprises,
comme étant de moins d'importance.

II

DE L'ARGENT CONSIDÉRÉ COMME UNE BRANCHE PARTICULIÈRE DU CAPITAL GÉNÉRAL.

L'argent est la seule partie du capital circulant d'une société dont l'entretien puisse occasionner quelque diminution dans le revenu net de la nation.

Le capital fixe et cette partie du capital circulant qui consiste en argent ont une très grande ressemblance l'un avec l'autre, sous le rapport de leur influence sur le revenu de la société.

Premièrement, de même que les machines et instruments d'industrie, etc., exigent une certaine dépense, d'abord pour les fabriquer et ensuite pour les entretenir, lesquelles dépenses, bien qu'elles fassent partie du revenu brut de la société, sont l'une et l'autre des déductions à faire sur un revenu net, de même le fonds d'argent monnayé qui circule dans un pays exige une certaine dépense, d'abord pour le former et ensuite pour l'entretenir, lesquelles dépenses sont aussi à déduire l'une et l'autre du revenu net de la société, bien qu'elles fassent partie de son revenu brut. Il se trouve une certaine quantité de matières très précieuses, l'or et l'argent, et une certaine quantité de travail d'une nature très industrieuse, lesquelles, au lieu de servir à augmenter le fonds de consommation, à multiplier les subsistances, commodités et agréments des individus, sont employées à entretenir ce grand mais dispendieux instrument de commerce, au moyen duquel les subsistances, commodités et agréments de chaque individu dans la société lui sont régulièrement distribués dans les justes proportions auxquelles il a droit.

Secondement, de même que les machines et instruments d'industrie, etc., qui composent le capital fixe soit d'un individu, soit d'une société, ne font partie ni du revenu brut ni du revenu net de l'un ou de l'autre, de même l'argent, au moyen duquel tout le revenu de la société est régulièrement distribué entre ses différents membres, ne fait nullement lui-même partie de ce revenu. La grande roue de la circulation est tout à fait différente des marchandises qu'elle fait circuler. Le revenu de la société se compose uniquement de ces marchandises, et nullement de la roue qui les met en circulation. Quand nous calculons le revenu brut et le revenu net d'une société, nous sommes toujours obligés de retrancher, de la masse totale d'argent et de marchandises qui compose sa circulation annuelle, la valeur entière de l'argent, dont il n'y a pas un seul écu qui puisse jamais faire partie de l'un ni de l'autre de ces revenus.

Il n'y a que l'ambiguïté du langage qui puisse faire paraître cette proposition douteuse ou paradoxale. Bien développée et bien entendue, elle est évidente par elle-même.

Quand nous parlons d'une somme d'argent particulière, quelquefois nous n'entendons autre chose que les pièces de métal qui la composent ; quelquefois aussi nous renfermons dans la signification du mot un rapport confus aux choses qu'on peut avoir en échange pour cette somme, ou au pouvoir d'acheter que donne la possession de cet argent. Par exemple, quand nous disons que l'argent qui circule en Angleterre a été évalué à 18 millions sterl., nous voulons exprimer seulement le nombre des pièces de métal que quelques écrivains, d'après leurs calculs ou plutôt leur imagination, ont cru exister dans la circulation du pays. Mais quand nous disons qu'un homme a 50 ou 100 livres de rente, nous voulons ordinairement exprimer, non seulement le montant des pièces de métal qui lui sont payées annuellement, mais la valeur des choses qu'il peut acheter ou consommer annuellement. Nous entendons communément affirmer quelle est ou doit être sa manière de vivre, ou bien quelle est la quantité et qualité des choses propres aux besoins et commodités de la vie, dont il est maître de se procurer la jouissance.

Lorsque, par une certaine somme d'argent, nous voulons exprimer, non seulement le montant des pièces de métal dont elle est composée,

mais que nous entendons encore renfermer dans
la signification du mot quelque rapport confus
aux choses qu'on peut avoir en échange pour
ces pièces, alors la richesse ou le revenu que
cette somme indique dans ce cas est égal seulement à une des deux valeurs qui se trouvent
ainsi conjointes, par une sorte d'ambiguïté, dans
le même mot, et plus proprement à la dernière qu'à la première, à ce que vaut l'argent
plutôt qu'à l'argent même.

Ainsi, si un particulier a une guinée de pension par semaine, il peut acheter avec, dans le
cours d'une semaine, une certaine quantité de
choses propres à sa subsistance, ses commodités
et agréments. Sa richesse réelle, son revenu réel
de la semaine sera grand ou petit, à proportion
que sera grande ou petite la quantité de ces
choses. Certainement, son revenu de la semaine
n'est pas égal à la fois à la guinée et à ce qu'il
peut acheter avec, mais seulement à l'une ou
l'autre de ces deux valeurs égales, et plus proprement à la dernière qu'à la première ; à ce
que vaut la guinée, plutôt qu'à la guinée elle-
même.

Si la pension de ce particulier, au lieu de lui
être payée en or, lui était payée en un billet
d'une guinée à toucher par semaine, à coup sûr
ce serait bien moins ce morceau de papier que
ce qu'il pourrait acquérir par ce moyen, qui
constituerait proprement son revenu. Or une
guinée peut être regardée comme un billet au

porteur sur tous les marchands du voisinage, payable en une certaine quantité de choses propres aux besoins et commodités de la vie. Le revenu de celui à qui on la paye consiste, à proprement parler, bien moins dans la pièce d'or que dans ce qu'il peut acheter avec ou dans ce qu'il peut avoir en échange. Si l'on ne pouvait l'échanger pour rien, elle serait comme un billet sur un banqueroutier, et n'aurait pas plus de valeur que le moindre chiffon de papier.

De même, quoique tous les différents habitants d'un pays puissent toucher ou touchent en effet le plus souvent en argent leur revenu de la semaine ou de l'année, néanmoins leur richesse réelle à tous, leur véritable revenu de la semaine ou de l'année, pris collectivement, sera toujours grand ou petit, en proportion de la quantité de choses consommables qu'ils peuvent tous acheter avec cet argent. Le revenu d'eux tous, pris collectivement, est évidemment égal, non pas à la fois à l'argent et aux choses consommables, mais seulement à l'une ou à l'autre de ces deux valeurs, et plus proprement à la dernière qu'à la première.

Ainsi, si nous exprimons souvent le revenu d'une personne par les pièces de métal qui lui sont payées annuellement, c'est parce que le montant de ces pièces détermine l'étendue de son pouvoir d'acheter ou la valeur des marchandises qu'elle est en état de consommer annuellement. Nous n'en considérons pas moins son revenu comme consistant dans cette faculté d'acheter ou de consommer, et non pas dans les pièces qui transportent cette faculté.

Mais si cette proposition est assez évidente à l'égard d'un individu, elle l'est encore bien plus à l'égard d'une société. Le montant des pièces de métal qui sont payées annuellement à un particulier est souvent précisément égal à son revenu et, sous ce rapport, il est la plus courte et la meilleure expression de la valeur de ce revenu. Mais le montant des pièces de métal qui circulent dans une société ne peut jamais être égal au revenu de tous ses membres. Comme la même guinée qui paye aujourd'hui à un homme sa pension de la semaine peut payer demain celle d'un autre, et après-demain celle d'un troisième, il faut de toute nécessité que le montant des pièces de métal qui circulent annuellement dans un pays soit d'une bien moindre valeur que la totalité des pensions qui se payent annuellement avec. Mais le pouvoir d'acheter, mais les choses qui peuvent être achetées les unes après les autres avec la totalité de ces pensions en argent, à mesure que celles-ci sont payées les unes après les autres, doivent toujours être précisément de la même valeur que toutes ces pensions, comme l'est pareillement le revenu total des personnes à qui ces pensions sont payées. Par conséquent ce revenu total ne peut consister dans ces pièces de métal dont le montant est si fort inférieur à sa valeur, mais il consiste dans la faculté d'acheter, dans les choses consommables qu'on peut acheter les unes après les autres avec ces pièces, à mesure qu'elles circulent de main en main.

Ainsi l'argent, cette grande roue de la circulation, ce grand instrument du commerce, tel que tous les autres instruments d'industrie, quoiqu'il compose une partie et une partie très précieuse du capital de la société à laquelle il appartient, n'entre pour rien absolument dans son revenu ; et quoique ce soient les pièces de métal dont il est composé qui, dans le cours de leur circulation annuelle, distribuent tout juste à chacun la portion de revenu qui lui revient, elles ne font nullement elles-mêmes partie de ce revenu.

Troisièmement enfin, cette partie du capital circulant qui consiste en argent a encore une autre ressemblance avec les machines, instruments d'industrie, etc., qui composent le capital fixe; c'est que si toute épargne dans les frais de fabrication et d'entretien de ces machines, qui ne diminue pas la puissance productive du travail, est une amélioration dans le revenu net de la société, toute épargne dans la formation et l'entretien de cette partie du capital circulant, qui consiste en argent, est une amélioration exactement du même genre.

Il est assez évident (et d'ailleurs on l'a déjà expliqué en partie) que toute épargne dans la dépense d'entretien du capital fixe est une amé-

lioration du revenu net de la société. La totalité
du capital de l'entrepreneur d'un ouvrage quelconque est nécessairement partagée entre son
capital fixe et son capital circulant. Tant que son
capital total reste le même, plus l'une des deux
parts est petite, plus l'autre sera nécessairement
grande. C'est le capital circulant qui fournit les
matières et les salaires du travail, et qui met
l'industrie en activité. Ainsi toute épargne dans
la dépense d'entretien du capital fixe, qui ne diminue pas dans le travail la puissance productive, doit augmenter le fonds qui met l'industrie
en activité et, par conséquent, accroître le produit annuel de la terre et du travail, *revenu réel*
de toute société.

La substitution du *papier* à la place de la monnaie d'or et d'argent est une manière de remplacer un instrument de commerce extrêmement
dispendieux, par un autre qui coûte infiniment
moins, et qui est quelquefois tout aussi commode.
La circulation s'établit ainsi sur une nouvelle
roue qui coûte bien moins à la fois à fabriquer
et à entretenir que l'ancienne. Mais comment
cette opération se fait-elle, et de quelle manière
tend-elle à augmenter ou le revenu brut, ou le
revenu net de la société? c'est ce qui n'est pas
tout à fait si évident au premier coup d'œil, et
ce qui mérite une plus longue explication.

Il y a plusieurs sortes de *monnaie de papier;*
mais les billets circulants des banques et des

banquiers sont l'espèce qui est la mieux connue et qui paraît la plus propre à atteindre ce but.

Lorsque les gens d'un pays ont assez de confiance dans la fortune, la probité et la sagesse d'un banquier pour le croire toujours en état d'acquitter comptant et à vue ses billets et engagements, en quelque quantité qu'il puisse s'en présenter à la fois, ces billets finissent par avoir le même cours que la monnaie d'or et d'argent, en raison de la certitude qu'on a d'en faire de l'argent à tout moment.

Un banquier prête aux personnes de sa connaissance ses propres billets, jusqu'à concurrence, je suppose, de 100 mille livres. Ces billets faisant partout les fonctions de l'argent, les emprunteurs lui en payent le même intérêt que s'il eût prêté la même somme en argent. C'est cet intérêt qui est la source de son gain. Quoique sans cesse il y ait quelques-uns de ces billets qui lui reviennent pour le payement, il y en a toujours une partie qui continue de circuler pendant des mois et des années de suite. Ainsi, quoiqu'il ait en général des billets en circulation jusqu'à concurrence de 100 mille livres, cependant souvent 20 mille livres en or et argent se trouvent faire un fonds suffisant pour répondre aux demandes qui peuvent survenir. Par conséquent, au moyen de cette opération, 20 mille livres en or et argent font absolument la fonction de 100 mille. Les mêmes échanges peuvent se faire, la même quantité de choses consommables peut être mise en circula-

tion et être distribuée aux consommateurs auxquels elle doit parvenir, par le moyen des billets
de ce banquier, montant à 100 mille livres, tout
comme cela se serait fait avec la même valeur en
monnaie d'or et d'argent. On peut donc, de cette
manière, faire une économie de 80 mille livres
sur la circulation du pays, et si en même temps
différentes opérations du même genre venaient
à s'établir par plusieurs banques et banquiers
différents, la totalité de la circulation pourrait
être servie avec la cinquième partie seulement
de l'or et de l'argent qui serait nécessaire sans
cela.

Supposons, par exemple, que la masse totale
d'argent circulant dans un pays, à une certaine
époque, se monte à 1 million sterling, somme
alors suffisante pour faire circuler la totalité du
produit annuel de ses terres et de son travail.
Supposons encore que, quelque temps après,
différentes banques et banquiers viennent à
émettre des billets au porteur jusqu'à concurrence d'un million, en conservant dans leurs différentes caisses 200 mille livres pour répondre aux
demandes qui peuvent survenir : il se trouverait alors dans la circulation 800 mille livres en
or et argent, et un million de billets de banque, ou bien 1800 mille livres, tant en argent
qu'en papier. Or, 1 million seulement suffisait
auparavant pour faire circuler et distribuer aux
consommateurs tout le produit annuel des terres
et du travail du pays, et ce produit ne peut pas

se trouver augmenté tout d'un coup par ces opérations de banque. Un million suffira donc tout de même après pour le faire circuler. La quantité de marchandises qu'il s'agit de vendre et d'acheter étant la même qu'auparavant, il ne faudra que la même quantité d'argent pour toutes les ventes et tous les achats. Le canal de la circulation, si je puis me permettre cette expression, restera précisément le même qu'auparavant. Un million, d'après notre supposition, suffisait à remplir ce canal. Tout ce qu'on y versera donc au delà de cette somme ne pourra y prendre son cours, mais sera forcé de déborder. Il se trouve qu'on y a versé 1800 mille livres ; donc il y a 800 mille livres qui vont nécessairement déborder, cette somme étant l'excédent de ce que peut employer la circulation du pays. Mais si cette somme ne peut pas trouver à être employée au dedans, elle est trop précieuse pour qu'on la tienne oisive. On l'enverra donc au dehors pour y chercher cet emploi profitable qu'elle ne peut trouver au dedans. Or le papier ne peut aller hors du pays, parce qu'éloigné des banques qui l'ont émis et du pays où on peut recourir à la loi pour s'en faire payer, il ne serait pas reçu dans les payements ordinaires. L'or et l'argent seront donc envoyés au dehors jusqu'à concurrence de 800 mille livres, et le canal de la circulation intérieure demeurera rempli avec un million en papier, au lieu du million en métal qui le remplissait auparavant.

Mais si une aussi forte somme d'or et d'argent est ainsi envoyée au dehors, il ne faut pas s'imaginer qu'elle y soit envoyée pour rien, et que les propriétaires de cet argent en fassent présent aux nations étrangères. Ils l'échangeront contre des marchandises étrangères d'une espèce ou d'une autre, destinées à la consommation de quelque autre nation ou à celle de leur propre pays.

S'ils l'emploient à acheter des marchandises dans un pays étranger pour fournir à la consommation d'un autre, ou à faire ce qu'on appelle le commerce de *transport*, tout le profit qu'ils pourront faire sera autant d'ajouté au revenu net de leur propre pays. C'est comme un nouveau fondement créé pour servir de base à un nouveau commerce, les affaires domestiques se faisant maintenant avec le papier, et l'or et l'argent étant convertis en une matière qui fait le fondement de ce nouveau commerce.

S'ils l'emploient à acheter des marchandises étrangères pour la consommation intérieure, ou bien, en premier lieu, ils achèteront des marchandises de nature à être consommées par des gens oisifs qui ne produisent rien, telles que des vins étrangers, des soieries étrangères, etc., ou bien, en second lieu, ils achèteront un fonds additionnel de matières, d'outils et de vivres, destiné à entretenir et employer un nombre additionnel de ces gens industrieux qui reproduisent, avec un profit, la valeur de leur consommation annuelle.

Employé de la première de ces deux manières, cet argent sert à développer la prodigalité; il augmente la dépense et la consommation sans rien ajouter à la production, ou sans établir un fonds permanent propre à entretenir cette dépense, et sous tous les rapports il tourne au préjudice de la société.

Employé de la seconde manière, il agrandit d'autant les bornes de l'industrie; et quoiqu'il augmente la consommation de la société, il ouvre une source permanente pour entretenir cette consommation, les gens qui consomment reproduisant avec un profit la valeur entière de leur consommation annuelle. Le revenu brut de la société, le produit annuel de ses terres et de son travail s'augmente de toute la valeur que le travail de ces ouvriers ajoute aux matières sur lesquelles ils s'exercent, et son revenu net s'augmente de ce qui reste de cette valeur, déduction faite de ce qui est nécessaire à l'entretien des outils et instruments de leur industrie.

Il paraît non seulement probable, mais presque infaillible, que la majeure partie de l'or et de l'argent, chassée au dehors par les opérations des banques et employée à l'achat de marchandises étrangères pour la consommation intérieure, est et doit être employée à en acheter de la seconde de ces deux espèces. Quoiqu'il y ait bien quelques particuliers capables d'augmenter considérablement leur dépense sans que leur revenu ait augmenté de la moindre chose,

cependant nous pouvons être assurés qu'il n'y
a pas de classe ou d'ordre de personnes qui soit
d'humeur à se conduire ainsi, parce que les principes de la prudence ordinaire, s'ils ne dirigent
pas toujours la conduite de chaque individu,
exercent constamment leur influence sur celle
de la majorité d'une classe ou ordre de personnes
quelconques. Or, le revenu des gens oisifs, en les
considérant comme une classe ou ordre de gens,
ne reçoit pas la plus légère augmentation par
ces opérations de banque. Ainsi ces opérations
ne peuvent pas beaucoup contribuer à augmenter en général leur dépense, quoique celle de
quelques individus, parmi eux, puisse bien être
augmentée et le soit en effet quelquefois. Par
conséquent, la demande que les gens oisifs pourraient faire de marchandises étant la même ou
à peu près la même qu'auparavant, il est vraisemblable qu'une très petite partie seulement de
l'argent chassé au dehors par l'effet des banques
et employé à l'achat de marchandises étrangères
pour la consommation intérieure, se trouvera
employée à acheter de celles qui sont à leur
usage. La majeure partie de cet argent sera naturellement destinée à fournir de l'emploi à l'industrie, et non pas des jouissances à la fainéantise.

Quand nous cherchons à calculer la quantité
d'industrie que peut employer le capital circulant d'une société, il faut toujours n'avoir égard
qu'aux trois parties seulement de ce capital, qui
consistent en vivres, matières et ouvrage fait;

il faut toujours en déduire l'autre, qui consiste
en argent et ne sert qu'à faire circuler les trois
premières. Pour mettre l'industrie en activité,
trois choses sont nécessaires : des matières sur
lesquelles on travaille, des outils avec lesquels
on travaille. Or, l'argent n'est ni une matière à
travailler ni un outil avec lequel on puisse travailler, et quoique pour l'ordinaire ce soit en
argent que les salaires se payent à l'ouvrier,
cependant le revenu réel de celui-ci, comme
celui des autres personnes, ne consiste pas dans
l'argent même, mais dans ce que vaut l'argent ;
non dans les pièces de métal, mais dans ce qu'on
peut acheter avec.

La quantité d'industrie que peut mettre en
œuvre un capital doit évidemment être égale au
nombre d'ouvriers auxquels il peut fournir des
matériaux, des outils, et une subsistance convenable à la nature de l'ouvrage. L'argent peut
être nécessaire pour acheter les matériaux et les
outils, aussi bien que la subsistance des ouvriers ;
mais certainement la quantité d'industrie que la
masse totale de ce capital peut mettre en activité n'égale pas à la fois et l'argent qui achète,
et les matériaux, outils et subsistances qui sont
achetés avec l'argent ; elle égale seulement l'une
ou l'autre de ces deux valeurs, et plus proprement la dernière que la première.

Quand le papier est substitué à la monnaie
d'or et d'argent, la quantité de matières, d'outils
et de subsistances que peut fournir la masse to-

tale du capital circulant peut être augmentée
de toute la valeur de l'or et de l'argent qu'on
avait coutume d'employer pour les acheter. La
valeur entière de la grande roue de circulation
et de distribution est ajoutée elle-même à la
masse des marchandises qui circulaient et se
distribuaient par son moyen. C'est en quelque
sorte une opération semblable à celle de l'entrepreneur d'une grande fabrique, qui, par suite
de quelque heureuse découverte en mécanique,
réforme ses anciennes machines, et profite de la
différence qui existe entre leur prix et celui des
nouvelles, pour l'ajouter à son capital circulant,
à la masse où il puise de quoi fournir à ses
ouvriers des matériaux et des salaires.

La proportion dans laquelle la somme d'argent
en circulation dans un pays est à la valeur totale
du produit annuel qu'elle fait circuler est peut-
être impossible à déterminer. Différents auteurs
l'ont évaluée au cinquième, au dixième, au vingtième et au trentième de cette valeur. Mais quelque petite qu'on suppose la proportion de la
somme d'argent en circulation relativement à la
somme du produit annuel, comme il n'y a jamais
qu'une portion et souvent qu'une petite portion
de ce produit qui soit destinée au soutien de
l'industrie, la somme d'argent en circulation
doit toujours se trouver très considérable, relativement à cette portion. Ainsi quand, au moyen
de la substitution du papier, l'or et l'argent
nécessaires à la circulation se trouvent réduits

peut-être à un cinquième de la première somme
qui en existait, n'y eût-il seulement que la valeur
des quatre autres cinquièmes d'ajoutée au fonds
destiné au soutien de l'industrie, ce doit toujours
être une addition très considérable à la quantité
de cette industrie et, par conséquent, à la valeur
du produit annuel de la terre et du travail.

Il s'est fait en Écosse, depuis vingt-cinq à
trente ans, une opération de ce genre, au moyen
de nouvelles compagnies de banque qui se sont
établies dans presque toutes les villes un peu
considérables, et même dans quelques villages.
Les effets en ont été précisément ceux que je
viens de décrire. Presque toutes les affaires du
pays se font avec le papier de ces différentes
compagnies de banque, qui sert communément
aux achats et aux payements de toute sorte. On
ne voit presque point d'argent, si ce n'est pour
changer un billet de banque de 20 shillings, et
on voit encore bien moins d'or. Mais quoique la
conduite de toutes ces différentes compagnies
n'ait pas été irréprochable et qu'il ait fallu un
acte du Parlement pour la régler, néanmoins le
commerce du pays en a évidemment retiré de
grands avantages. J'ai entendu assurer que le
commerce de la ville de Glasgow avait doublé
quinze ans environ après que les premières banques y ont été établies, et que le commerce
d'Écosse avait plus que quadruplé depuis le
premier établissement des deux banques publiques d'Édimbourg, dont l'une, appelée Banque

d'Écosse, fut établie par acte du Parlement en
1695, et l'autre, appelée Banque royale, le fut
par une charte du roi en 1727. Le commerce
d'Écosse, en général, ou celui de la ville de Glasgow en particulier, ont-ils augmenté réellement
dans une proportion aussi forte pendant un
temps aussi court, c'est ce que je ne prétends
pas affirmer. Si l'un ou l'autre a fait un progrès
aussi rapide, l'effet paraît trop fort pour l'attribuer à l'action seule de cette cause. On ne saurait cependant douter que le commerce et l'industrie n'aient fait en Écosse, depuis cette époque,
des progrès très considérables, et que les banques n'aient beaucoup contribué à ces progrès.

C'est principalement en escomptant des lettres
de change, c'est-à-dire en avançant sur elles de
l'argent avant leur échéance, que la plupart des
banques et banquiers mettent leurs billets en
émission ; et alors ils font, sur la somme qu'ils
avancent, la déduction de l'intérêt légal jusqu'à
l'échéance de la lettre de change. Le payement
de la lettre, quand elle vient à échoir, fait rentrer à la banque le montant de ce qu'elle a
avancé, avec le profit net de l'intérêt. Le banquier, qui n'avance ni or ni argent au négociant dont il escompte la lettre de change, mais
qui lui avance seulement ses billets, a l'avantage de pouvoir étendre ses affaires d'escompte
de tout le montant de la valeur des billets qu'il
sait, par expérience, avoir communément dans
la circulation ; ce qui le met à même de faire

le bénéfice net de l'intérêt sur une somme d'autant plus forte.

La masse totale de papier-monnaie de toute espèce qui peut circuler sans inconvénient dans un pays ne peut jamais excéder la valeur de la monnaie d'or et d'argent dont ce papier tient la place, ou qui y circulerait (le commerce étant supposé toujours le même) s'il n'y avait pas de papier-monnaie. Si les billets de 20 shillings, par exemple, sont le plus petit papier-monnaie qui ait cours en Écosse, la somme totale de ce papier qui puisse y circuler sans inconvénient ne peut pas excéder la somme d'or et d'argent qui serait nécessaire pour consommer tous les échanges de la valeur de 20 shillings et au-dessus, qui avaient coutume de se faire annuellement dans le pays. S'il arrivait une fois que le papier en circulation excédât cette somme, comme l'excédent ne pourrait ni être envoyé au dehors ni rester employé dans la circulation intérieure, il reviendrait immédiatement aux banques, pour y être échangé en or ou en argent. Beaucoup de gens s'apercevraient bien vite qu'ils ont plus de ce papier que n'en exigent les affaires qu'ils ont à solder au dedans et, ne pouvant le placer au dehors, ils iraient aussitôt en demander aux banques le remboursement. Ce papier surabondant étant une fois converti en argent, ils trouveraient aisément à s'en servir en l'envoyant au dehors, mais ils ne pourraient rien en faire tant qu'il resterait sous cette forme de papier. Il se ferait donc à l'instant un reflux de papier sur les banques, jusqu'à concurrence de cette surabondance, et même jusqu'à concurrence d'une somme plus forte, pour peu que le remboursement éprouvât de lenteur ou de difficulté ; l'alarme qui en résulterait augmenterait les demandes de remboursement.

En outre de toutes les dépenses qui lui sont communes avec tous les autres genres de commerce, tels que loyers de bâtiments, salaires de domestiques, commis, teneurs de livres, etc., les dépenses qui sont particulières à une maison de banque consistent principalement en deux articles : 1º la dépense qu'il en coûte pour tenir constamment dans sa caisse, afin de faire face aux demandes éventuelles des porteurs de billets, une grosse somme d'argent dont on perd l'intérêt ; 2º la dépense qu'il en coûte pour remplir la caisse sur-le-champ, à mesure qu'elle se vide en satisfaisant à ces demandes.

Une compagnie de banque qui met en émission plus de papier que n'en peut tenir employé la circulation du pays, et à qui l'excédent de son papier revient sans cesse à remboursement, doit augmenter la quantité d'or et d'argent qu'elle tient constamment en caisse, non seulement en proportion de ce surcroît d'émission surabondante, mais dans une proportion beaucoup plus forte, parce que ses billets lui reviennent à remboursement dans une proportion de vitesse beaucoup plus grande que l'excès de leur quan-

tité. Ainsi, cette compagnie doit augmenter le
premier article de dépense, non seulement en
proportion de cette extension forcée qu'elle a
donnée à ses affaires, mais dans une proportion
beaucoup plus forte.

De plus, la caisse de cette compagnie, bien
qu'il faille la tenir mieux garnie, se videra néanmoins beaucoup plus vite que si la compagnie
eût resserré ses affaires dans des bornes plus
raisonnables, et il faudra faire, pour la remplir,
des efforts de dépense, non seulement plus
grands en eux-mêmes, mais encore plus répétés
et plus constants. D'ailleurs, l'argent qui sort
continuellement de sa caisse en si grandes quantités ne peut être employé dans la circulation
du pays. Il vient prendre la place d'un papier
qui excède ce que cette circulation peut employer. Mais comme cet argent n'est pas fait
pour rester oisif, il faut bien que, sous une
forme ou sous une autre, on l'envoie au dehors
pour y trouver l'emploi avantageux qu'il ne
peut trouver à l'intérieur; et cette exportation
continuelle d'or et d'argent doit augmenter nécessairement pour la banque la difficulté et, par
conséquent, la dépense de se procurer de nouvelles espèces pour remplir cette caisse qui se
vide avec tant de rapidité. Il faut donc que la
compagnie, à mesure qu'elle donne cette extension forcée à son commerce, augmente le second
article de dépense encore plus que le premier.

Supposons, en effet, une banque dont tout le

papier (porté au maximum de ce que la circulation du pays en peut absorber sans inconvénient) s'élève précisément à 40,000 liv., et qui, pour faire face aux demandes éventuelles, est obligée de garder constamment en caisse un quart de son émission de billets, c'est-à-dire 10,000 liv. en espèces. Que cette banque essaye de porter son émission jusqu'à 44,000 liv., les 4,000 liv. qui sont au delà de ce que la circulation du pays peut absorber et employer reviendront à la banque presque aussitôt après qu'elles auront été émises. Donc, pour faire face aux demandes qui surviendront, cette banque sera obligée de garder constamment en caisse, non pas seulement 11,000 liv., mais 14,000. Elle ne pourra donc faire aucun bénéfice sur l'intérêt de ces 4,000 liv. d'émission surabondante, et elle aura en pure perte toute la dépense de ramasser continuellement 4,000 liv. en or et en argent, qui sortiront de sa caisse aussi vite qu'on les y aura apportées.

Si chaque compagnie de banque eût toujours bien entendu et bien suivi ses intérêts, la circulation n'aurait jamais été surchargée de papier-monnaie; mais toutes les banques n'ont pas toujours bien vu et bien compris ce que leur intérêt exigeait d'elles, et il est arrivé souvent que le papier a obstrué la circulation.

Quand les négociants accrédités d'un pays, en partie par la facilité d'escompter leurs lettres de change, en partie par celle des comptes courants,

peuvent se dispenser de l'obligation de garder
par devers eux aucune partie de leur capital
sans emploi et en argent comptant pour faire
face aux demandes du moment, raisonnablement
ils ne doivent pas attendre de secours plus
étendus de la part des banques et des banquiers,
qui, lorsqu'ils ont été une fois jusque-là, ne
sauraient aller plus loin sans compromettre leur
propre intérêt et leur propre sûreté. Une banque
ne peut pas, sans aller contre ses propres intérêts, avancer à un négociant la totalité ni même
la plus grande partie du capital circulant avec
lequel il fait son commerce, parce que, encore
que ce capital rentre et sorte continuellement de
ses mains sous forme d'argent, cependant il y a un
trop grand intervalle entre l'époque de la totalité
des rentrées et celle de la totalité des sorties, et
dès lors le montant de ses remboursements ne
pourrait balancer le montant des avances qui lui
seraient faites dans un espace de temps assez rap-
proché pour s'accommoder à ce qu'exige l'intérêt
de la banque ; bien moins encore une banque
pourrait-elle suffire à lui avancer quelque partie
considérable de son capital fixe ; par exemple, du
capital qu'un maître de forges emploie à la construction de sa forge, de son fourneau, de ses ateliers et magasins, logements de ses ouvriers, etc.,
du capital qu'un entrepreneur de mines emploie à
construire des ouvrages pour soutenir les terres,
à élever des machines pour épuiser les eaux, à
faire ouvrir des routes et des communications

pour les charrois, etc. ; du capital qu'un cultivateur emploie à défricher, dessécher, enclore,
fumer, marner et labourer des terres incultes;
à bàtir des fermes avec toutes leurs dépendances,
étables, granges, etc. Les rentrées d'un capital
fixe sont presque toujours beaucoup plus lentes
que celles d'un capital circulant ; et des dépenses
de ce genre, en les supposant même dirigées
avec toute l'intelligence et la sagesse possibles,
ne rentrent guère à l'entrepreneur avant un
intervalle de plusieurs années, terme infiniment
trop éloigné pour convenir aux arrangements
d'une banque. Des commerçants et des entrepreneurs peuvent bien sans doute très légitimement faire aller une partie considérable de leurs
affaires et entreprises avec des fonds d'emprunt.
Cependant, dans ce cas, il serait de toute justice
que leur propre capital fùt suffisant pour servir
d'assurance, si je puis parler ainsi, au capital
de leurs créanciers, ou pour que ces créanciers
ne courussent presque aucune chance probable
d'essuyer la moindre perte, quand même l'événement de l'entreprise se trouverait extrème-
ment au-dessous de l'attente des spéculateurs.
Encore, même avec cette précaution, de l'argent qu'on emprunte et qu'on n'espère pas
pouvoir rendre avant un terme de plusieurs
années, ne devrait pas être emprunté à une
banque, mais emprunté par obligation sur hypothèque aux individus qui se proposent de vivre
du revenu de leur argent sans se donner l'em-

barras d'employer eux-mêmes le capital, et qui pour cela seront disposés à prêter ce capital à des gens bien solvables, pour un terme de plusieurs années. Il est vrai qu'une banque qui prête son argent sans qu'on ait à faire aucune dépense de papier timbré ni d'honoraires de notaire pour l'obligation de l'hypothèque, et qui reçoit son remboursement avec ces facilités que donnent les compagnies de banque écossaises, serait sans contredit un créancier fort commode pour de pareils faiseurs de spéculations et d'entreprises; mais à coup sûr ces faiseurs de spéculations et d'entreprises seraient, pour une pareille banque, les débiteurs les plus incommodes.

Il y a aujourd'hui plus de vingt-cinq ans que le papier-monnaie mis en émission par les différentes compagnies de banque écossaises a atteint pleinement la mesure de ce que la circulation du pays peut aisément absorber ou tenir employé, et qu'il a même été de quelque chose au delà de cette mesure. Ces compagnies avaient déjà, depuis un espace de temps aussi long, donné à tous les commerçants et entrepreneurs de l'Écosse des secours aussi étendus qu'il soit possible à des banques et à des banquiers d'en donner, sans compromettre leur intérêt personnel; elles avaient quelque peu dépassé les bornes de leur commerce, et elles s'étaient attiré cette perte, ou au moins cette diminution de profit qui, dans ce genre particulier de com-

merce, ne manque jamais d'être la suite du
moindre pas qu'on fait au delà des bornes. Ces
commerçants et entrepreneurs, ayant tiré tant
de secours des banques et des banquiers, cher-
chèrent à en tirer encore de plus étendus. Ils
s'imaginèrent, à ce qu'il semble, que des banques pouvaient étendre leurs crédits à quelque
somme que ce fût, selon le besoin qu'on en
avait, sans s'exposer à d'autre dépense qu'à celle
de quelques rames de papier. Ils se plaignirent
des vues étroites et de la pusillanimité des directeurs de ces banques, qui ne savaient pas,
disaient-ils, étendre leurs crédits à proportion
de l'extension du commerce du pays; voulant
dire sans doute, par l'extension du commerce,
celle de leurs projets au delà de ce qu'ils étaient
en état d'entreprendre avec leurs propres fonds,
ou avec ce que leur crédit leur permettait d'emprunter des particuliers par la voie ordinaire
d'obligation ou d'hypothèque. Il paraît qu'ils
s'étaient figuré que l'honneur de la banque
l'obligeait à remplir ce déficit, et à leur fournir
tout le capital dont ils avaient besoin pour leurs
entreprises. Les banques toutefois furent d'une
autre opinion, et sur le refus qu'elles firent
d'étendre leurs crédits, quelques-uns de ces
spéculateurs recoururent à un expédient qui
remplit pour un temps leurs vues, à plus grands
frais à la vérité, mais d'une manière aussi efficace qu'eût pu le faire l'extension la plus immo-
dérée des crédits de la banque. Cet expédient

n'était autre chose que la pratique bien connue
de renouveler ses traites, c'est-à-dire de tirer
successivement des lettres de change l'un sur
l'autre, pratique à laquelle ont quelquefois recours de malheureux négociants quand ils sont
aux bords de la banqueroute. Cette manière de
faire de l'argent est connue depuis longtemps en
Angleterre, et on dit qu'elle a été portée extrêmement loin pendant le cours de la dernière
guerre, où le taux élevé des produits du commerce donnait une grande tentation d'étendre
ses affaires au delà de ses forces. D'Angleterre,
cette pratique s'introduisit en Écosse, où, en
comparaison du commerce très borné de ce
pays et de la modicité de son capital, elle fut
bientôt portée beaucoup plus loin qu'elle n'avait
jamais été en Angleterre.

Dans un pays où les profits ordinaires des
capitaux, dans la majeure partie des affaires de
commerce, sont censés rouler entre 6 et 10 p. 100,
il aurait fallu une spéculation bien extraordinai-
rement heureuse pour que ses rentrées pussent
suffire, non seulement à rembourser les frais
énormes au prix desquels on avait emprunté les
fonds pour la faire aller, mais à fournir encore
un excédent pour le profit du spéculateur. Cependant beaucoup de projets très vastes et très étendus furent entrepris et suivis pendant plusieurs
années, sans autres fonds pour les soutenir que
ceux qu'on s'était procurés à de si gros frais.
Sans doute que les faiseurs de projets, dans

leurs beaux rêves, avaient vu ce grand profit le plus clairement du monde. Avec cela je crois qu'ils ont eu bien rarement le bonheur de le rencontrer au moment de leur réveil, soit que ce moment ait tardé jusqu'au terme de leurs projets, soit qu'il ait eu lieu quand ils se sont vus hors d'état de les pousser plus avant.

Le papier qui avait été émis sur ces lettres circulantes s'éleva, en plusieurs occasions, jusqu'à la totalité des fonds sur lesquels roulait quelque entreprise vaste et étendue d'agriculture, de commerce ou de manufacture ; et il ne se bornait pas simplement à la seule partie de ces fonds que le faiseur de projets eût été obligé, sans l'aide du papier-monnaie, de garder par devers lui, en espèces dormantes, pour répondre aux demandes du moment. Par conséquent, la plus grande partie de ce papier se trouvait être en excédent de la valeur des espèces qui eussent circulé dans le pays s'il n'y eût pas eu de papier-monnaie. Il était donc en excédent de ce que la circulation du pays pouvait aisément absorber et tenir employé : par conséquent, il refluait immédiatement vers les banques, pour y être échangé contre de l'or et de l'argent qu'il leur fallait trouver où elles pouvaient. C'était un capital que ces faiseurs de projets avaient eu l'art de soutirer très subtilement des banques, non seulement sans qu'elles y eussent donné un consentement formel et sans qu'elles en eussent eu connaissance, mais peut-être même sans qu'elles pussent avoir, pendant quelque temps, le moindre soupçon qu'elles avaient réellement fait cette avance.

Quand deux particuliers qui ont ainsi à tirer réciproquement des lettres de change successives l'un sur l'antre les font escompter toujours chez le même banquier, il découvre nécessairement bientôt leur manège, et s'aperçoit clairement qu'ils trafiquent avec les fonds qu'il leur avance, et non avec aucun capital qui soit à eux en propre. Mais cette découverte n'est pas tout à fait si aisée à faire quand ils font escompter leurs lettres de change tantôt chez un banquier, tantôt chez un autre, et quand ce ne sont pas les deux mêmes personnes qui tirent constamment et successivement l'une sur l'autre, mais que leur manœuvre roule entre un grand cercle de faiseurs de projets, qui trouvent réciproquement leur compte à s'aider les uns les autres dans cette méthode de faire de l'argent, et qui s'arrangent entre eux en conséquence pour qu'il soit aussi difficile que possible de distinguer une lettre de change sérieuse; de reconnaître celle qui est tirée par un vrai créancier sur un vrai débiteur, d'avec celle dont il n'y a véritablement de créancier réel que la banque qui l'a escomptée, et de débiteur réel que le faiseur de projets, qui se sert de l'argent. Lors même qu'un banquier venait à découvrir ce manège, il pouvait se faire quelquefois qu'il le découvrît trop tard, et qu'il s'aperçût que, s'étant déjà avancé si loin avec ces gens à projets en escomptant leurs lettres de change, il les réduirait infailliblement à la nécessité de faire banqueroute, en refusant tout à coup de leur en escompter davantage, et qu'alors leur ruine pourrait peut-être aussi entraîner la sienne. Dans une position si critique, il se trouvait obligé, pour son intérêt et sa propre sûreté, de leur continuer le crédit pendant quelque temps encore, en tâchant néanmoins de se débarrasser petit à petit, et pour cela en faisant de jour en jour plus de difficultés sur les escomptes, afin de forcer par degrés ces emprunteurs à avoir recours ou à d'autres banquiers, ou à d'autres moyens de faire de l'argent, en sorte qu'il pût se dégager de leurs filets le plus tôt possible. Les difficultés donc que la banque d'Angleterre, que les principaux banquiers de Londres, et même que les banques écossaises les plus prudentes commencèrent à apporter aux escomptes, au bout d'un certain temps et après s'être déjà toutes trop aventurées, non seulement jetèrent l'alarme parmi les gens à projets, mais même excitèrent leur fureur au dernier point. Leur propre détresse, dont sans contredit la réserve prudente et indispensable des banques fut l'occasion immédiate, ils l'appelèrent détresse nationale, et cette détresse nationale, il ne fallait l'attribuer, disaient-ils, qu'à l'ignorance, à la pusillanimité et à la conduite malhonnête des banques qui refusaient de donner des secours assez étendus

aux belles entreprises des hommes de génie,
à des entreprises faites pour augmenter l'éclat,
la prospérité, l'opulence nationale. Le devoir des
banques, à ce qu'ils semblaient s'être imaginé,
était de leur prêter pour un aussi long temps et
pour d'aussi fortes sommes qu'ils pouvaient dé-
sirer d'emprunter. Néanmoins les banques, en
refusant ainsi de donner plus de crédit à des
gens à qui elles n'en avaient déjà que beaucoup
trop accordé, prirent le seul moyen qui leur
restât pour sauver leur propre crédit et le crédit
public de leur pays.

Au milieu de cette détresse et de ces clameurs,
il s'éleva en Écosse une banque nouvelle, établie
exprès pour remédier aux maux dont le pays
était menacé. Le dessein était généreux, mais
l'exécution en fut imprudente, et on ne sentit
peut-être pas très bien quelles étaient la nature
et les causes des maux auxquels on voulait porter remède. Cette banque fut plus facile pour
ouvrir des crédits ou pour escompter des lettres
de change, qu'aucune banque ne l'avait jamais
été. Quant à ces lettres, il paraît qu'elle ne
faisait presque aucune différence entre les lettres de change sérieuses et les lettres circulantes, mais qu'elle les escomptait toutes indis-
tinctement. Cette banque affichait hautement
pour principe d'avancer, sur des sûretés raisonnables, la totalité du capital des entreprises
dont les rentrées sont les plus lentes et les plus
éloignées, telles que celles qui consistent à amé-

liorer des terres. On disait même que l'encouragement de pareilles améliorations était l'intention capitale de l'esprit de patriotisme qui avait dirigé l'institution de cette banque. Cette grande facilité à ouvrir des crédits et à escompter des lettres de change donna lieu, comme on peut croire, à une immense émission de billets. Mais ces billets étant, pour la plupart, en excédent de ce que la circulation du pays pouvait absorber et tenir employé, ils refluèrent vers la banque, pour y être convertis en or et en argent, tout aussi vite qu'ils étaient émis. Dès l'origine, la caisse de cette banque fut mal fournie. Le capital des actionnaires, réglé par deux souscriptions différentes, devait s'élever à une somme de 160,000 livres; mais les fonds effectivement versés ne dépassèrent pas 80 pour 100 de cette somme. La souscription devait être payée par les souscripteurs, en plusieurs payements. Une grande partie de ceux-ci, en faisant leur premier payement, ouvrirent un compte courant avec la banque, et les directeurs se croyant obligés de traiter leurs propres capitalistes avec la même générosité qu'ils traitaient toutes les autres personnes, permirent à beaucoup d'entre eux d'emprunter sur leur compte courant ce qu'ils payaient à la banque pour les termes subséquents de leurs soumissions. Ainsi ces payements ne faisaient que mettre dans un des coffres de la banque ce qu'on venait d'ôter d'un autre. Mais quand même les coffres de cette

banque auraient été beaucoup mieux fournis,
son excessive émission du papier les aurait si
promptement vidés, qu'aucun expédient n'eût
pu suffire à les tenir assez garnis, si ce n'est
l'expédient ruineux de tirer sur Londres et, à
l'échéance de la lettre, de la payer avec intérêts
et commissions, par le moyen d'une autre traite
sur la même place. Les coffres de cette banque
ayant été aussi peu remplis dès l'origine, on dit
qu'elle s'est vue réduite à cette ressource très
peu de mois après qu'elle eut commencé ses
opérations. Les propriétés des actionnaires de la
banque valaient plusieurs millions, et au moyen
de leur signature dans l'acte de société originaire de la banque, ces propriétés se trouvaient
réellement hypothéquées à l'exécution de tous
les engagements pris par elle. Le grand crédit
que lui donna nécessairement une hypothèque
aussi étendue la mit en état, malgré sa conduite
trop facile, de tenir encore pendant plus de
deux ans. Quand elle fut obligée d'arrêter ses
opérations, elle avait pour environ 200,000 livres
de billets en circulation. Pour soutenir la circulation de ces billets, qui lui revenaient sans
cesse aussitôt qu'ils étaient émis, elle avait constamment fait usage de la pratique de tirer sur
Londres des lettres de change, dont le nombre
et la valeur allèrent toujours en augmentant,
et qui s'élevaient, au moment où elle ferma,
à plus de 600,000 livres. Ainsi, dans un espace
d'un peu plus de deux ans, cette banque avança

à différentes personnes au delà de 800,000 livres à 5 pour 100. Sur les 200,000 livres qui circulaient en billets, ces 5 pour 100 peuvent être regardés peut-être comme un gain net, sans autre déduction que les frais d'administration; mais sur plus de 600,000 livres, pour lesquelles elle avait été sans cesse obligée de tirer des lettres sur Londres, elle avait à payer, en intérêts et en droits de commission, plus de 8 pour 100 et, par conséquent, elle se trouva en perte de plus de 3 pour 100 sur les trois quarts au moins des affaires qu'elle avait faites.

Les opérations de cette banque paraissent avoir produit des effets directement opposés à ceux que se proposaient les spéculateurs qui l'avaient projetée et établie. Leur intention, à ce qu'il semble, était de soutenir les belles et grandes entreprises (car ils les regardaient comme telles) qu'on avait formées à cette époque, en différents endroits du pays, et en même temps en attirant à eux la totalité des affaires de banque, de supplanter toutes les autres banques d'Écosse, et en particulier celle d'Édimbourg, qui avait excité du mécontentement par les difficultés qu'elle apportait à l'escompte des lettres de change. Cette banque donna sans contredit quelque soulagement momentané aux spéculateurs, et les mit à même de pousser leurs entreprises environ deux ans encore plus loin qu'ils n'auraient pu faire sans elle. Mais par là elle ne fit que leur donner le moyen de grossir d'autant la masse de leurs dettes, de manière que quand la crise arriva, le poids de ces dettes retomba avec une nouvelle charge sur eux et sur leurs créanciers. Ainsi les opérations de cette banque, loin d'alléger les maux que ces spéculateurs avaient attirés sur eux-mêmes et sur leur pays, ne fit dans la réalité que les aggraver, en en ralentissant l'effet. Il aurait beaucoup mieux valu, pour ces gens-là, pour leurs créanciers et pour leur pays, que la plupart d'entre eux eussent été obligés de s'arrêter deux ans plus tôt qu'ils ne le firent. Cependant le soulagement momentané que la banque offrit à ces mauvais débiteurs en apporta un réel et durable aux autres banques écossaises. Tous ces particuliers, qui travaillaient à l'aide de ces lettres de change circulantes que les autres banques commençaient pour lors à escompter de si mauvaise grâce, eurent recours à la nouvelle banque, qui les reçut à bras ouverts. Ainsi ces autres banques trouvèrent une issue pour se dégager en assez peu de temps de ce cercle fatal dont elles n'auraient pu guère sortir autrement, à moins de s'exposer à des pertes considérables, et peut-être même aussi de compromettre un peu leur crédit.

Ainsi, à la longue, les opérations de cette banque augmentèrent les véritables embarras du pays auquel elle prétendait porter du secours, et elles tirèrent réellement d'un très grand embarras les banques rivales qu'elle se flattait de supplanter.

Si les opérations les plus sages des banques peuvent augmenter l'industrie dans un pays, ce n'est pas qu'elles y augmentent le capital, mais c'est qu'elles rendent active et productive une plus grande partie de ce capital que celle qui l'aurait été sans elle. Cette portion de capital qu'un marchand est obligé de garder par devers lui, en espèces dormantes, pour faire face aux demandes qui surviennent est un fonds mort qui, tant qu'il reste dans cet état, ne produit rien ni pour lui ni pour le pays. Les opérations d'une banque sage le mettent à portée de convertir ce fonds mort en un fonds actif et productif, en matières propres à exercer le travail, en outils pour le faciliter et l'abréger, et en vivres et subsistances pour le salarier; en capital enfin qui produira quelque chose pour ce marchand et pour son pays. La monnaie d'or et d'argent qui circule dans ce pays, et par le moyen de laquelle le produit des terres et du travail de ce pays est annuellement mis en circulation et distribué aux consommateurs auxquels il appartient, est aussi, tout comme l'argent comptant du négociant, un fonds mort en totalité. C'est une partie très précieuse du capital du pays qui n'est point productive.

Les opérations d'une banque sage, en substituant du papier à la place d'une grande partie de cet or et de cet argent, donnent le moyen de convertir une grande partie de ce fonds mort en un fonds actif et productif, en un capital qui produira quelque chose au pays. L'or et l'argent qui circulent dans un pays peuvent se comparer précisément à un grand chemin qui, tout en servant à faire circuler et conduire au marché tous les grains et les fourrages du pays, ne produit pourtant par lui-même ni un seul grain de blé ni un seul brin d'herbe. Les opérations d'une banque sage, en ouvrant en quelque sorte, si j'ose me permettre une métaphore aussi hardie, une espèce de grand chemin dans les airs, donnent au pays la facilité de convertir une grande partie de ses grandes routes en bons pâturages et en bonnes terres à blé, et d'augmenter par là, d'une manière très considérable, le produit annuel de ses terres et de son travail. Il faut pourtant convenir que si le commerce et l'industrie d'un pays peuvent s'élever plus haut à l'aide du papier-monnaie, néanmoins, suspendus ainsi, si j'ose dire, sur ces ailes d'Icare, ils ne sont pas tout à fait aussi assurés dans leur marche que quand ils portent sur le terrain solide de l'or et de l'argent.

On peut regarder la circulation d'un pays comme divisée en deux branches différentes : la circulation qui se fait entre commerçants seulement, et la circulation entre les commerçants et les consommateurs. Quoique les mêmes pièces de monnaie, soit papier, soit métal, puissent être employées tantôt dans l'une de ces deux branches de circulation et tantôt dans l'autre, cependant, comme ces deux branches marchent

constamment en même temps, chacune d'elles
exige un certain fonds de monnaie, d'une espèce
ou de l'autre, pour la faire marcher. La valeur
des marchandises qui circulent entre les différents commerçants ne peut jamais excéder la
valeur de celles qui circulent entre les commerçants et les consommateurs, tout ce qui est
acheté par les gens de commerce étant en définitive destiné à être vendu aux consommateurs.
La circulation des gens de commerce entre eux,
portant sur des ventes en gros, exige en général
une somme bien plus grosse pour chaque tran-
saction particulière. Celle entre les commerçants
et les consommateurs, au contraire, portant en
général sur des ventes en détail, n'exige fort
souvent que de très petites sommes, un shilling, ou même un demi-penny étant quelquefois
tout ce qu'il faut. Or, les petites sommes circulent beaucoup plus vite que les grosses. Un
shilling change plus souvent de maître qu'une
guinée, et un demi-penny plus souvent qu'un
shilling. Ainsi, quoique les achats annuels de
tous les consommateurs soient au moins égaux
en valeur à ceux de tous les gens de commerce,
néanmoins ils peuvent, en général, se faire avec
une masse de monnaie beaucoup plus petite, les
mêmes pièces, au moyen d'une circulation plus
rapide, servant d'instruments à beaucoup plus
d'achats de la première espèce que de la seconde.

III

DE L'ACCUMULATION DU CAPITAL, OU DU TRAVAIL PRODUCTIF ET DU TRAVAIL NON PRODUCTIF.

Il y a une sorte de travail qui ajoute à la valeur de l'objet sur lequel il s'exerce; il y en a un autre qui n'a pas le même effet. Le premier, produisant une valeur, peut être appelé *travail productif*; le dernier, *travail non productif*.

Ainsi, le travail d'un ouvrier de manufacture ajoute, en général, à la valeur de la matière sur laquelle travaille cet ouvrier, la valeur de sa subsistance et du profit de son maître. Le travail d'un domestique, au contraire, n'ajoute à la valeur de rien. Quoique le premier reçoive des salaires que son maître lui avance, il ne lui coûte, dans le fait, aucune dépense, la valeur de ces salaires se retrouvant en général avec un profit de plus dans l'augmentation de valeur du sujet auquel ce travail a été appliqué. Mais la subsistance consommée par le domestique ne se trouve nulle part. Un particulier s'enrichit à employer une multitude d'ouvriers de fabrique; il s'appauvrit à entretenir une multitude de domestiques. Le travail de ceux-ci a néanmoins sa

valeur, et mérite sa récompense aussi bien que
celui des autres. Mais le travail de l'ouvrier se
fixe et se réalise sur un sujet quelconque, ou
sur une chose vénale qui dure au moins quelque
temps après que le travail a cessé. C'est, pour
ainsi dire, une quantité de travail amassé et mis
en réserve, pour être employé, s'il est nécessaire, dans quelque autre occasion. Cet objet,
ou ce qui est la même chose, le prix de cet objet peut ensuite, s'il en est besoin, mettre en
activité une quantité de travail égale à celle qui
l'a produit originairement. Le travail du domestique, au contraire, ne se fixe ou ne se réalise
sur aucun objet, sur aucune chose qu'on puisse
vendre ensuite. En général, ses services périssent
à l'instant même où il les rend, et ne laissent
presque jamais après eux aucune trace ou aucune valeur qui puisse servir par la suite à procurer une pareille quantité de services.

Le travail de quelques-unes des classes les
plus respectables de la société, de même que
celui des domestiques, ne produit aucune valeur ; il ne se fixe ni ne se réalise sur aucun
objet ou chose qui puisse se vendre, qui subsiste
après la cessation du travail et qui puisse servir
à procurer par la suite une pareille quantité de
travail. Le souverain, par exemple, ainsi que
tous les autres magistrats civils et militaires qui
servent sous lui, toute l'armée, toute la flotte,
sont autant de travailleurs non productifs. Ils
sont les serviteurs de l'État, et ils sont entrete-

nus avec une partie du produit annuel de l'industrie d'autrui. Leur service, tout honorable, tout utile, tout nécessaire qu'il est, ne produit rien avec quoi on puisse ensuite se procurer une pareille quantité de services. La protection, la tranquillité, la défense de la chose publique, qui sont le résultat du travail d'une année, ne peuvent servir à acheter la protection, la tranquillité, la défense qu'il faut pour l'année suivante. Quelques-unes des professions les plus graves et les plus importantes, quelques-unes des plus frivoles, doivent être rangées dans cette même classe : les ecclésiastiques, les gens de loi, les médecins et les gens de lettres de toute espèce, ainsi que les comédiens, les farceurs, les musiciens, les chanteurs, les danseurs d'Opéra, etc. Le travail de la plus vile de ces professions a sa valeur qui se règle sur les mêmes principes que toute autre sorte de travail ; et la plus noble et la plus utile ne produit par son travail rien avec quoi on puisse ensuite acheter ou faire une pareille quantité de travail. Leur ouvrage à tous, tel que la déclamation de l'acteur, le débit de l'orateur ou les accords du musicien, s'évanouit au moment même qu'il est produit.

Les travailleurs productifs et les non productifs, et ceux qui ne travaillent pas du tout, sont tous également entretenus par le produit annuel de la terre et du travail du pays. Ce produit, quelque grand qu'il puisse être, ne saurait être infini, et a nécessairement ses bornes. Suivant donc que, dans une année, une portion plus ou moins grande de ce produit est employée à entretenir des gens non productifs, plus ou moins grande sera la portion qui restera pour les gens productifs, et plus ou moins grand sera, par conséquent, le produit de l'année suivante; la totalité du produit annuel, à l'exception des productions spontanées de la terre, étant le fruit du travail productif.

Les capitaux augmentent par l'économie; ils diminuent par la prodigalité et la mauvaise conduite.

Tout ce qu'une personne épargne sur son revenu, elle l'ajoute à son capital; alors, ou elle l'emploie elle-même à entretenir un nombre additionnel de gens productifs, ou elle met quelque autre personne en état de le faire, en lui prêtant ce capital moyennant un *intérêt*, c'est-à-dire une part dans les profits. De même que le capital d'un individu ne peut s'augmenter que par le fonds que cet individu épargne sur son revenu annuel ou sur ses gains annuels, de même le capital d'une société, lequel n'est autre chose que celui de tous les individus qui la composent, ne peut s'augmenter que par la même voie.

La cause immédiate de l'augmentation du capital, c'est l'économie et non l'industrie. A la vérité, l'industrie fournit la matière des épargnes que fait l'économie; mais, quelques gains que fasse l'industrie, sans l'économie qui les épargne et les amasse, le capital ne serait jamais plus grand.

L'économie, en augmentant le fonds destiné à l'entretien des salariés productifs, tend à augmenter le nombre de ces salariés, dont le travail ajoute à la valeur du sujet auquel il est appliqué ; elle tend donc à augmenter la valeur échangeable du produit annuel de la terre et du travail du pays ; elle met en activité une quantité additionnelle d'industrie, qui donne un accroissement de valeur au produit annuel.

Ce qui est annuellement épargné est aussi régulièrement consommé que ce qui est annuellement dépensé, et il l'est aussi presque dans le même temps ; mais il est consommé par une autre classe de gens. Cette portion de son revenu qu'un homme riche dépense annuellement est le plus souvent consommée par des bouches inutiles et par des domestiques, qui ne laissent rien après eux en retour de leur consommation. La portion qu'il épargne annuellement, quand il l'emploie immédiatement en capital pour en tirer un profit, est consommée de même et presque en même temps que l'autre, mais elle l'est par une classe de gens différente, par des ouvriers, des fabricants et artisans qui reproduisent avec profit la valeur de leur consommation annuelle. Supposons que le revenu de cet homme riche lui soit payé en argent. S'il l'eût dépensé en entier, tout ce que ce revenu aurait pu acheter en vivres, vêtements et logement, aurait été distribué parmi la première de ces deux classes de gens. S'il en épargne une partie, et que cette partie soit immédiatement employée comme capital, soit par lui-même, soit par quelque autre, alors ce qu'on achètera avec en vivres, vêtements et logement, sera nécessairement réservé pour l'autre classe. La consommation est la même, mais les consommateurs sont différents.

Un homme économe, par ses épargnes annuelles, non seulement fournit de l'entretien à un nombre additionnel de gens productifs pour cette année ou pour la suivante, mais il est comme le fondateur d'un atelier public, et établit en quelque sorte un fonds pour l'entretien a perpétuité d'un même nombre de gens productifs. A la vérité, la destination et l'emploi à perpétuité de ce fonds ne sont pas toujours assurés par une loi expresse, une substitution ou un acte d'amortissement. Néanmoins, un principe très puissant en garantit l'emploi : c'est l'intérêt direct et évident de chaque individu auquel pourra appartenir dans la suite quelque partie de ce fonds. Aucune partie n'en pourra plus à l'avenir être détournée à un autre emploi qu'à l'entretien des salariés productifs, sans qu'il en résulte une perte évidente pour la personne qui en changerait ainsi la véritable destination.

C'est ce que fait le prodigue. En ne bornant pas sa dépense à son revenu, il entame son capital. Comme un homme qui dissipe à quelque

usage profane les revenus d'une fondation
pieuse, il paye des salaires à la fainéantise avec
ces fonds que la frugalité de ses pères avait,
pour ainsi dire, consacrés à l'entretien de l'industrie. En diminuant la masse des fonds destinés à employer le travail productif, il diminue nécessairement, autant qu'il est en lui, la
somme de ce travail qui ajoute une valeur au
sujet auquel il est appliqué et, par conséquent,
la valeur du produit annuel de la terre et du
travail du pays, la richesse et le revenu réel de
ses habitants. Si la prodigalité de quelques-uns
n'était pas compensée par la frugalité des autres, tout prodigue, en nourrissant ainsi la pa-
resse avec le pain de l'industrie, tendrait, par
sa conduite, à appauvrir son pays.

Quand même toute la dépense du prodigue
serait en consommation de marchandises faites
dans le pays et nullement en marchandises
étrangères, ses effets sur les fonds productifs de
la société seraient toujours les mêmes. Chaque
année il y aurait une certaine quantité de vivres et d'habits qui auraient dû entretenir les
salariés productifs, et qui auraient été employés
à nourrir et vêtir des salariés non productifs.
Chaque année, par conséquent, il y aurait quelque diminution dans la valeur qu'aurait eue
sans cela le produit annuel de la terre et du
travail du pays.

On peut dire, à la vérité, que cette dépense
n'étant pas faite en denrées étrangères, et n'oc-

casionnant aucune exportation d'or ni d'argent,
il resterait dans le pays la même quantité d'espèces qu'auparavant; mais si cette quantité de
vivres et d'habits ainsi consommés par des gens
non productifs eût été distribuée entre des gens
productifs, ceux-ci auraient reproduit, avec un
profit en plus, la valeur entière de leur consommation. Dans ce cas comme dans l'autre, la
même quantité d'argent serait également restée
dans le pays, et de plus il y aurait eu une reproduction d'une valeur égale en choses consommables; il y aurait eu deux valeurs dans
ce dernier cas; dans l'autre, il n'y en aura
qu'une.

Les grandes nations ne s'appauvrissent jamais
par la prodigalité et la mauvaise conduite des
particuliers, mais quelquefois bien par celles de
leur gouvernement.

Dans la plupart des pays, la totalité ou la
presque totalité du revenu public est employée
à entretenir des gens non productifs. Tels sont les
gens qui composent une cour nombreuse et
brillante, un grand établissement ecclésiastique,
de grandes flottes et de grandes armées qui ne
produisent rien en temps de paix, et qui, en
temps de guerre, ne gagnent rien qui puisse
compenser la dépense que coûte leur entretien,
même pendant la durée de la guerre. Les gens
de cette espèce, ne produisant rien par eux-
mêmes, sont tous entretenus par le produit du
travail d'autrui. Ainsi, quand ils sont multipliés

13

au delà du nombre nécessaire, ils peuvent, dans
une année, consommer une si grande part de
ce produit, qu'ils n'en laissent pas assez de reste
pour l'entretien des ouvriers productifs, qui
devraient le reproduire pour l'année suivante.
Le produit de l'année suivante sera donc moindre que celui de la précédente, et si le même
désordre allait toujours continuant, le produit
de la troisième serait encore moindre que celui
de la seconde. Ces hommes non productifs, qui
ne devaient être entretenus que sur une partie
des épargnes des revenus des particuliers, peuvent quelquefois consommer une si grande portion de la totalité de ces revenus, et par là forcer tant de gens à entamer leurs capitaux et à
prendre sur le fonds destiné à l'entretien du
travail productif, que toute la frugalité et la
sage conduite des individus ne puissent jamais
suffire à compenser les vides et les dommages
qu'occasionne, dans le produit annuel, cette
dissipation violente et forcée des capitaux.

L'expérience semble pourtant nous faire voir
que, dans presque toutes les circonstances, l'é-
conomie et la sage conduite privées suffisent,
non seulement pour compenser l'effet de la
prodigalité et de l'imprudence des particuliers,
mais même pour balancer celui des profusions
excessives du gouvernement. Cet effort constant,
uniforme et jamais interrompu de tout individu
pour améliorer son sort; ce principe, qui est la
source primitive de l'opulence publique et na-

tionale, aussi bien que de l'opulence privée, a souvent assez de puissance pour maintenir, en dépit des folies du gouvernement et de toutes les erreurs de l'administration, le progrès naturel des choses vers une meilleure condition. Semblable à ce principe inconnu de vie, que portent avec elles les espèces animales, il rend souvent à la constitution de l'individu la santé et la vigueur, non seulement malgré la maladie, mais même en dépit des absurdes ordonnances du médecin.

Pour augmenter la valeur du produit annuel de la terre et du travail dans une nation, il n'y a pas d'autres moyens que d'augmenter, quant au nombre, les ouvriers productifs, ou d'augmenter, quant à la puissance, la faculté productive des ouvriers précédemment employés.

IV

DES FONDS PRÊTÉS A INTÉRÊT.

Les fonds prêtés à intérêt sont toujours regardés par le prêteur comme un capital.

Il s'attend qu'à l'époque convenue ces fonds
lui seront rendus et qu'en même temps l'emprunteur lui payera une certaine rente annuelle
pour les avoir eus à sa disposition. L'emprunteur peut disposer de ses fonds ou comme d'un
capital, ou comme de fonds destinés à servir
immédiatement à sa consommation : s'il s'en
sert comme d'un capital, il les emploie à faire
subsister des ouvriers productifs qui en reproduisent la valeur avec un profit; dans ce cas, il
peut rendre le capital et payer l'intérêt, sans
aliéner ou sans entamer aucune autre source de
revenu ; s'il s'en sert comme de fonds destinés
immédiatement à sa consommation, il agit en
prodigue et dissipe en subsistances données à
la fainéantise ce qui était destiné à l'entretien
de l'industrie; dans ce cas, il ne peut ni rendre
le capital ni payer l'intérêt, sans aliéner ou
entamer quelque autre source de revenu, telle
qu'une propriété ou une rente de terre.

Les fonds prêtés à intérêt sont sans contredit employés, suivant les circonstances, tant de l'une que de l'autre de ces deux manières, mais bien plus fréquemment de la première que de la seconde. Celui qui emprunte pour dépenser sera bientôt ruiné, et celui qui lui prête aura lieu, en général, de se repentir de son imprudence; ainsi, dans tous les cas où il n'est pas question de prêt à usure, il est contre l'intérêt des deux parties d'emprunter, comme de prêter, pour une pareille destination; et quoique sans doute il y ait des gens à qui il arrive quelquefois de faire l'un et l'autre, toutefois, d'après l'attention que tout homme porte à ses intérêts, nous pouvons être bien sûrs que cela n'arrive pas aussi souvent que nous pourrions nous l'imaginer. Demandez à tout homme riche qui ne sera pas plus imprudent qu'un autre, à qui de ces espèces de gens il a prêté le plus de ses fonds, ou à ceux qu'il jugeait avoir intention d'en faire un emploi profitable, ou à ceux qui étaient dans le cas de les dépenser en pure perte; à coup sûr il trouvera votre question fort étrange. Ainsi, même parmi les emprunteurs, qui ne forment pas la classe d'hommes où il faille chercher l'économie, le nombre des économes et des laborieux surpasse de beaucoup celui des prodigues et des fainéants.

Les seules gens à qui on prête communément des fonds, sans qu'on attende qu'ils en feront un emploi très profitable, ce sont les

propriétaires ruraux qui empruntent sur hypothèque ; encore n'empruntent-ils presque jamais
purement en vue de dépenser ; on peut dire que
ce qu'ils empruntent est ordinairement dépensé
avant qu'ils l'empruntent. C'est, en général,
pour avoir consommé trop de marchandises qui
leur ont été avancées à crédit par des fournisseurs ou des artisans, qu'ils se voient enfin dans
la nécessité d'emprunter à intérêt pour s'acquitter. Le capital emprunté remplace les capitaux
de ces fournisseurs et de ces artisans, que jamais ces propriétaires n'auraient pu remplacer
avec les rentes de leurs domaines ; ils n'ont pas
proprement emprunté pour dépenser, mais pour
remplacer un capital déjà dépensé.

Presque tous les prêts à intérêt sont faits en
argent, soit papier, soit espèces ; mais la chose
dont vraiment l'emprunteur a besoin, celle
que le prêteur lui fournit réellement, ce n'est
pas l'argent, c'est la valeur de l'argent ; ce sont
les marchandises qu'on peut acheter avec. Si
l'emprunteur entend se servir de l'argent comme
fonds destiné immédiatement à sa consommation,
il n'y a que des marchandises qui soient de nature à être mises à cet usage ; s'il en a besoin
comme d'un capital pour faire aller quelque
genre d'industrie, il n'y a encore que des marchandises qui puissent servir aux gens de travail, comme outils, matières et subsistances pour
exécuter leur ouvrage. Par le prêt, le prêteur
délègue, pour ainsi dire, à l'emprunteur son

droit à une certaine portion du produit annuel
de la terre et du travail du pays, pour en user
comme il lui plaît.

Ce qui détermine donc la quantité de fonds,
ou, comme on dit communément, d'argent qui
peut être prêtée à intérêt dans un pays, ce n'est
pas la valeur de l'argent, papier ou espèces, qui
sert d'instrument aux différents prêts qui se
font dans le pays, c'est la valeur de cette portion du produit annuel qui, au sortir de la
terre ou des mains des ouvriers productifs, est
non seulement destinée à remplacer un capital,
mais encore un capital que le possesseur ne se
soucie pas de prendre la peine d'employer lui-
même. Comme ces capitaux sont ordinairement
prêtés et remboursés en argent, ils constituent
ce qu'on nomme intérêt de l'argent. Cet intérêt
est différent, non seulement de celui que donnent les fonds de terre, mais encore de celui
que rendent les entreprises de commerce et de
manufactures, lorsque dans celles-ci les propriétaires des capitaux en font eux-mêmes l'emploi.
Cependant, même dans l'intérêt de l'argent,
l'argent n'est, pour ainsi dire, que le contrat
de délégation qui transporte d'une main dans
une autre ces capitaux que les possesseurs ne
se soucient pas d'employer eux-mêmes. Ces capitaux peuvent être infiniment plus grands que
la somme d'argent qui sert comme d'instrument
pour en faire le transport; les mêmes pièces de
monnaie servant successivement pour plusieurs

différents prêts, tout comme elles servent pour plusieurs différents achats. Par exemple, A prête à X 1,000 livres, avec lesquelles X achète immédiatement de B pour la valeur de 1,000 livres de marchandises. B n'ayant pas besoin de cet argent pour lui-même prête identiquement les mêmes pièces à Y, avec lesquelles Y achète aussitôt de C pour 1,000 livres d'autres marchandises; C de même, et pour la même raison, prête cet argent à Z, qui en achète aussi d'autres marchandises de D. Par ce moyen, les mêmes pièces, soit de métal, soit de papier, peuvent dans le courant de quelques jours servir d'instrument à trois différents prêts et à trois différents achats, chacun desquels est de valeur égale au montant total de ces pièces. Ce que les trois capitalistes A, B, C, transportent aux trois emprunteurs X, Y, Z, c'est le pouvoir de faire ces achats; c'est dans ce pouvoir que consistent la valeur du prêt et son utilité. Le capital prêté par ces trois capitalistes est égal à la valeur des marchandises qu'on peut acheter avec, et il est trois fois plus grand que la valeur de l'argent avec lequel se font les achats. Cependant ces prêts peuvent être tous parfaitement bien assurés; les marchandises achetées par les différents débiteurs étant employées de manière à rendre, au terme convenu, une valeur égale en argent ou en papier, avec un profit en plus. Si ces mêmes pièces de monnaie peuvent ainsi servir d'instrument à différents prêts pour trois fois et, par la même raison, pour trente fois leur valeur, elles peuvent pareillement servir autant de fois successivement d'instrument de remboursement.

De cette manière, on peut regarder un capital prêté à intérêt comme une délégation, faite par le prêteur à l'emprunteur, d'une portion quelconque du produit annuel, sous la condition qu'en retour l'emprunteur lui déléguera annuellement, pendant tout le temps de la durée du prêt, une portion plus petite, appelée l'intérêt et, à l'échéance du prêt, une portion pareille à celle qui a été originairement déléguée ; ce qui s'appelle le remboursement. Quoique l'argent, soit papier, soit espèces, serve en général d'instrument de délégation, tant pour la petite portion que pour la grande, il n'en est pas moins tout à fait distinct de la chose qu'on délègue par son moyen.

A mesure que s'augmente dans un pays cette partie du produit annuel qui, au sortir de la terre ou des mains des ouvriers productifs, est destinée à remplacer un capital, ce qu'on appelle capitaux pécuniaires ou argent à prêter y grossit en même temps. L'accroissement de ces fonds particuliers dont les possesseurs veulent tirer un bénéfice, sans prendre la peine de les employer eux-mêmes, est une suite naturelle de l'accroissement de la masse générale des capitaux, ou, pour parler autrement, à mesure que les **capitaux se multiplient**, la quantité de fonds à prêter à intérêt devient successivement de plus en plus grande.

A mesure que la quantité des fonds à prêter à intérêt vient à augmenter, l'intérêt ou le prix qu'il faut payer pour l'usage du capital va nécessairement en diminuant, non seulement en vertu de ces causes générales qui font que le prix de marché de toutes choses diminue à mesure que la quantité de ces choses augmente, mais encore en vertu d'autres causes particulières à ce cas-ci. A mesure que les capitaux se multipliant dans un pays, le profit qu'on peut faire en les employant diminue nécessairement; il devient successivement de plus en plus difficile de trouver dans ce pays une manière profitable d'employer un nouveau capital. En conséquence, il s'élève une concurrence entre les différents capitaux, le possesseur d'un capital faisant tous ses efforts pour s'emparer de l'emploi qui se trouve occupé par un autre. Mais le plus souvent il ne peut espérer d'obtenir l'emploi de cet autre capital, à moins d'offrir à de meilleures conditions. Il se trouve obligé, non seulement de vendre la chose sur laquelle il commerce un peu meilleur marché, mais encore, pour trouver occasion de la vendre, il est quelquefois aussi obligé de l'acheter plus cher. Le fonds destiné à l'entretien du travail productif grossissant de jour en jour, la demande qu'on fait de ce travail devient aussi de jour en jour plus grande; les ouvriers trouvent aisément de l'emploi, mais les possesseurs de capitaux ont de la difficulté à trouver des ouvriers à employer. La concurrence des capitalistes fait hausser les salaires du travail et fait baisser les profits. Or, lorsque le bénéfice qu'on peut retirer de l'usage d'un capital se trouve, pour aiusi dire, rogné à la fois par les deux bouts, il faut bien nécessairement que le prix qu'on peut payer pour l'usage de ce capital diminue en même temps que ce bénéfice.

Il est à remarquer que partout le prix courant des terres dépend du taux courant de l'intérèt. Celui qui a un capital dont il désire retirer un revenu sans prendre la peine de l'employer lui-même, délibère s'il en achètera une terre ou s'il le prêtera à intérèt. La sûreté la plus grande du placement, et puis quelques autres avantages qui accompagnent presque partout cette espèce de propriété, le disposeront naturellement à se contenter d'un revenu moindre, en terre, que celui qu'il pourrait se procurer en prêtant son argent à intérèt. Ces avantages suffisent pour compenser une certaine différence dans le revenu, et si la rente de la terre tombait au-dessous de l'intérèt de l'argent plus bas que cette différence, personne ne voudrait acheter des terres ; ce qui réduirait bientôt leur prix courant. Au contraire, si les avantages faisaient beaucoup plus que compenser la différence, tout le monde voudrait acheter des terres ; ce qui en relèverait encore bientôt le prix courant. Quand l'intérêt

était à 10 pour 100, les terres se vendaient communément pour le montant de dix à douze au-
nées de leur revenu, c'est à-dire du denier dix
au denier douze. A mesure que l'intérêt vint à
baisser à 6, 5 et 4 pour 100, le prix des terres
s'éleva au denier vingt-cinq et trente. Le taux
courant de l'intérêt est plus haut en France qu'en
Angleterre, et le prix commun des terres y est
plus bas. Elles se vendent communément en
Angleterre au denier trente, et en France au
denier vingt.

V

DES DIFFÉRENTS EMPLOIS DES CAPITAUX.

Quoique tous les capitaux soient destinés à l'entretien du travail productif seulement, cependant la quantité de ce travail que des capitaux égaux sont capables de mettre en activité varie extrêmement d'après la nature différente de l'emploi qu'on leur donne, et il y a la même variation dans la valeur que cet emploi ajoute au produit annuel des terres et du travail du pays.

Il y a quatre manières différentes d'employer un capital :

On peut l'employer : 1° à fournir à la société le produit brut qu'il lui faut pour son usage et sa consommation annuelle ; — ou bien 2° à manufacturer et à préparer ce produit brut, pour qu'il puisse immédiatement servir à l'usage et à la consommation de la société ; — ou 3° à transporter, soit le produit brut, soit le produit manufacturé, des endroits où ils abondent à ceux où ils manquent ; — ou 4° enfin, à diviser des portions de l'un et de l'autre de ces produits en parcelles assez petites pour pouvoir s'accommoder aux besoins journaliers des consommateurs.

C'est de la première manière que sont employés les capitaux de tous ceux qui entreprennent la culture, l'amélioration ou l'exploitation des terres, mines et pêcheries; — c'est de la seconde que le sont ceux de tous les maîtres manufacturiers et fabricants; — c'est de la troisième que le sont ceux de tous les marchands en gros; — et c'est de la quatrième que le sont ceux de tous les marchands en détail. Il est difficile d'imaginer, pour un capital, un genre d'emploi qui ne puisse être classé sous l'une ou l'autre de ces quatre divisions.

Chacun de ces quatre moyens d'employer un capital est essentiellement nécessaire, tant à l'existence ou à l'extension des trois autres genres d'emploi, qu'à la commodité générale de la société.

A moins qu'il n'y ait un capital employé à fournir le produit brut dans un certain degré d'abondance, les manufactures et le commerce d'aucun genre ne pourraient exister.

A moins qu'il n'y ait un capital employé à manufacturer cette partie du produit brut qui exige un certain degré de préparation avant d'être propre à l'usage et à la consommation, cette partie du produit brut ne serait jamais produite, parce qu'il n'y en aurait point de demande; ou, si elle était produite spontanément, elle n'aurait aucune valeur échangeable et n'ajouterait rien à la richesse de la société.

A moins qu'il n'y ait un capital employé à transporter le produit brut ou manufacturé des endroits où il est abondant à ceux où il manque, on ne produirait plus ni de l'un ni de l'autre au delà de ce qui serait nécessaire pour la consommation locale seulement. Le capital du marchand, en échangeant le superflu d'un pays contre le superflu d'un autre, encourage l'industrie des deux pays et multiplie leurs jouissances.

A moins qu'il n'y ait un capital employé à morceler et à diviser des portions du produit brut ou manufacturé en parcelles assez petites pour s'accommoder aux demandes actuelles des consommateurs, chaque personne serait obligée d'acheter les marchandises qu'il lui faut en plus grande quantité que ne l'exigent ses besoins du moment. Par exemple, s'il n'y avait pas de commerce, tel que celui de boucher, chacun serait obligé d'acheter un bœuf entier ou un mouton à la fois. Ce serait, en général, un très grand inconvénient pour les riches, et un beaucoup plus grand encore pour les pauvres. Si un pauvre artisan était obligé d'acheter à la fois des vivres pour un mois ou pour six, il y aurait une grande partie des fonds qu'il emploie comme capital en instruments de son métier ou pour garnir sa boutique, et qui lui rapportent un revenu, qu'il serait forcé de placer dans la partie de ses fonds réservée pour servir immédiatement à sa consommation, et qui ne lui rapporte aucun revenu. Il n'y a rien de plus commode, pour un homme

de cette classe, que de pouvoir acheter sa subsistance d'un jour à l'autre ou même d'heure
en heure, à mesure qu'il en a besoin. Il se
trouve par là en état d'employer presque tous
ses fonds comme capital; il peut, par ce moyen,
fournir à ses pratiques pour une plus grande
valeur d'ouvrage, et le profit qu'il y fait compense et bien au delà le surcroît de prix dont les
marchandises qu'il achète se trouvent chargées
par le profit du détaillant.

Les préventions de certains écrivains politiques contre les petits détaillants et ouvriers en
boutique sont tout à fait mal fondées. Tant s'en
faut qu'il soit nécessaire d'en restreindre le nombre ou de les gêner par des impositions, qu'au
contraire ils ne sauraient jamais se multiplier
de manière à nuire au public, bien qu'ils le
puissent assez pour se nuire les uns aux autres.
La quantité de marchandises d'épicerie, par
exemple, qui peut se vendre dans une ville, est
limitée par la demande de cette ville et de ses
environs. Ainsi, le capital qu'on peut employer
au commerce d'épicerie ne saurait excéder ce
qu'il faut pour acheter cette quantité. Si ce capital se trouve partagé entre deux différents épi-
ciers, la concurrence fera que chacun d'eux
vendra à meilleur marché que si le capital eût
été dans les mains d'un seul; et s'il est divisé entre vingt, la concurrence en sera précisément
d'autant plus active, et il y aura aussi d'autant
moins de chance qu'ils puissent se concerter en-

tre eux pour hausser le prix de leurs marchandises. La concurrence pourra bien peut-être en ruiner quelqu'un, mais c'est l'affaire des parties intéressées d'y prendre garde, et on peut en toute sûreté s'en rapporter là-dessus à leur prudence. Le consommateur ni le producteur ne pourront jamais y perdre; au contraire, les détaillants seront dans le cas de vendre meilleur marché, et d'acheter en même temps plus cher que si tout le commerce du même genre était accaparé par une ou deux personnes qui pourraient en faire monopole. Il pourra peut-être bien arriver une fois que quelqu'un d'eux trompe quelque chaland trop facile, et lui fasse acheter des choses dont celui-ci n'a pas besoin. Mais c'est là un trop petit inconvénient pour mériter l'attention du gouvernement, et ce ne serait pas un moyen sûr de l'empêcher, que de restreindre le nombre de ces petits marchands; car, pour prendre un exemple dans la classe la plus suspecte, ce n'est pas la multitude des cabarets qui engendre une disposition générale à l'ivrognerie parmi les gens du peuple, mais c'est cette disposition même, produite par d'autres causes, qui fait qu'une multitude de cabarets peut trouver de l'emploi.

Les personnes dont les capitaux sont employés de l'une de ces quatre manières sont elles-mêmes des ouvriers productifs. Leur travail, quand il est convenablement dirigé, se fixe et se réalise dans l'objet ou la chose vénale sur laquelle il est ap-

14

pliqué et, en général, il ajoute au prix de cette
chose la valeur au moins de leur subsistance et
consommation personnelle. Les profits du fermier, du manufacturier, du marchand, du détaillant, sont tous tirés du prix des marchandises
que produisent les deux premiers, et dont trafiquent les deux autres. Cependant des capitaux
égaux, selon qu'ils seront employés de l'une ou
de l'autre de ces quatre manières différentes,
mettront en activité des quantités très différentes de travail productif, et augmenteront aussi,
dans des proportions très différentes, la valeur
du produit annuel des terres et du travail de la
société à laquelle ils appartiennent.

Le capital du détaillant remplace, avec un
profit en sus, le capital du marchand dont il
achète des marchandises, et met par là ce marchand à portée de continuer son commerce. Ce
capital n'emploie pas d'autre ouvrier productif
que la personne du détaillant lui-même. C'est
dans le profit de celui-ci que consiste toute la
valeur que le capital ainsi employé ajoute au
produit annuel de la terre et du travail de la
société.

Le capital du marchand en gros ou en magasin remplace avec leurs profits les capitaux des
fermiers et des manufacturiers dont il achète le
produit brut et le produit manufacturé sur lesquels il commerce, et par là il les met les uns
et les autres en état de continuer leurs travaux
respectifs. C'est principalement par ce service

qu'il contribue indirectenent à soutenir le travail productif de la société, et à augmenter la valeur du produit annuel de ce travail. Son capital emploie aussi les voituriers et matelots qui transportent ses marchandises d'un lieu dans un autre, et augmente le prix de ces marchandises de la valeur des salaires de ces ouvriers, aussi bien que de celle de ses propres profits. C'est là tout le travail productif que ce capital met immédiatement en activité, et toute la valeur qu'il ajoute immédiatement au profit annuel. Sous ces deux points de vue, ses opérations sont beaucoup au-dessus de celles du capital du détaillant.

Une partie du capital du maître manufacturier est employée comme capital fixe dans les instruments de son industrie, et remplace, avec un profit en plus, le capital de quelque autre ouvrier dont il les achète. Une partie de son capital circulant est employée à acheter des matières, et remplace, avec leurs profits en sus, les capitaux des fermiers et des entrepreneurs des mines, qui lui vendent ces matières. Mais une grande partie de ce même capital se distribue toujours annuellement, ou dans une période beaucoup plus courte, entre les différents ouvriers qu'emploie le maître. Ce capital ajoute à la valeur des matières celle des salaires des ouvriers et celle des profits du maître sur la totalité du fonds de salaires, de matières et d'instruments de fabrique employés dans l'entreprise.

Ainsi il met en activité une bien plus grande quantité de travail productif, et ajoute une bien plus grande valeur au produit annuel des terres et du travail de la société, que ne ferait un pareil capital entre les mains de quelque marchand en gros que ce fût.

Mais aucun capital, à somme égale, ne met en activité plus de travail productif que celui du fermier. Ce sont non seulement ses valets de ferme, mais ses bestiaux de labour et de charroi qui sont autant d'ouvriers productifs. D'ailleurs, dans la culture de la terre, la nature travaille conjointement avec l'homme; et quoique son travail ne coûte aucune dépense, ce qu'il produit n'en a pas moins sa valeur, aussi bien que ce que produisent les ouvriers les plus chers. Les opérations les plus importantes de l'agriculture semblent moins avoir pour objet d'accroître la fertilité de la nature (quoiqu'elles y parviennent aussi), que de diriger cette fertilité vers la production des plantes les plus utiles à l'homme. Un champ couvert de ronces et de bruyères produit souvent une aussi grande quantité de végétaux que la vigne ou la pièce de blé la mieux cultivée. Le cultivateur qui plante et qui sème excite souvent moins l'active fécondité de la nature, qu'il ne la détermine vers un objet, et après qu'il a terminé tous ses travaux, c'est à elle que la plus grande partie de l'ouvrage reste à faire. Ainsi les hommes et les bestiaux employés aux travaux de la culture, non seulement comme les ouvriers des manufactures, donnent lieu à la reproduction d'une valeur égale à leur consommation ou au capital qui les emploie, en y joignant de plus les profits des capitalistes, mais ils produisent encore une bien plus grande valeur. Outre le capital du fermier et tous ses profits, ils donnent lieu à la reproduction régulière d'une rente pour le propriétaire. On peut considérer cette rente comme le produit de cette puissance de la nature, dont le propriétaire prête l'usage au fermier. Ce produit est plus ou moins grand selon qu'on suppose à cette puissance plus ou moins d'étendue, ou, en d'autres termes, selon qu'on suppose à la terre plus ou moins de fertilité naturelle ou artificielle. C'est l'œuvre de la nature qui reste après qu'on a fait la déduction ou la balance de tout ce qu'on peut regarder comme l'œuvre de l'homme. Ce reste fait rarement moins du quart, et souvent plus du tiers du produit total. Jamais une pareille quantité de travail productif, employé en manufactures, ne peut occasionner une aussi riche reproduction. Dans celles-ci, la nature ne fait rien ; la main de l'homme fait tout, et la reproduction doit toujours être nécessairement en raison de la puissance de l'agent. Ainsi, non seulement le capital employé à la culture de la terre met en activité une plus grande quantité de travail productif que tout autre capital pareil employé en manufactures, mais encore, à proportion de la quantité de travail

productif qu'il emploie, il ajoute une beaucoup
plus grande valeur au produit annuel des terres
et du travail du pays, à la richesse et au revenu
réel de ses habitants. De toutes les manières
dont un capital peut être employé, c'est sans
comparaison la plus avantageuse à la société.

Les capitaux qu'on emploie dans une société
à la culture des terres ou au commerce de détail restent toujours nécessairement dans le sein
de cette société. Leur emploi se fait presque toujours sur un point fixe, la ferme et la boutique
du détaillant. En général aussi, quoiqu'il y ait
quelques exceptions, ils appartiennent à des
membres résidents de la société.

Le capital du marchand en gros, au contraire,
semble n'avoir nulle part de résidence fixe ou
nécessaire; mais il se promène volontiers de
place en place, suivant qu'il peut trouver à
acheter meilleur marché ou à vendre plus cher.

Le capital du manufacturier doit sans contredit résider au lieu de l'établissement de la manufacture; mais le local de cet établissement n'a pas
sa place nécessairement déterminée. Il peut être
souvent à une grande distance, tant de l'endroit
où croissent les matières, que de celui où se
consomme l'ouvrage fait. Lyon est fort éloigné
et du lieu qui lui fournit la matière première de
ses manufactures, et du lieu où elles se consomment. En Sicile, les gens de bon ton sont habil-
lés d'étoffes de soie fabriquées à l'étranger, et
dont la matière première a été produite chez

eux. Une partie de la laine d'Espagne est travaillée dans les manufactures d'Angleterre, et une partie du drap qu'elle y produit retourne ensuite en Espagne.

Que le marchand dont le capital exporte le superflu d'un pays soit naturel de ce pays ou soit étranger, c'est une chose fort peu importante. S'il est étranger, le nombre des ouvriers productifs se trouve d'un individu seulement être moindre que s'il eût été naturel du pays, et la valeur du produit annuel moindre de la valeur seulement du profit d'un individu. Les voituriers ou matelots qu'il emploie peuvent toujours être, ou de son propre pays ou du pays dont il s'agit, ou de quelque autre pays indifféremment, de la même manière que s'il eût été lui-même un naturel du pays. Le capital d'un étranger donne une valeur au superflu du produit de votre pays, tout comme le capital d'un de vos compatriotes, en échangeant ce superflu contre une denrée dont il y a demande chez vous. Il remplace tout aussi sûrement le capital de la personne qui produit ce superflu, et il la met tout aussi sûrement en état de continuer ses travaux; ce qui est le genre principal de service par lequel le capital d'un marchand en gros contribue à soutenir le travail productif de la société dont il est membre, et à augmenter la valeur du produit annuel de cette société.

Il importe beaucoup plus que le capital du manufacturier réside dans le pays. Il met alors nécessairement en activité une plus grande quantité de travail productif, et ajoute une plus grande valeur au produit annuel des terres et du travail de la société. Il peut cependant être fort utile au pays, encore qu'il n'y réside pas. Les capitaux des manufacturiers anglais qui mettent en œuvre le chanvre et le lin qui s'importent annuellement des côtes de la mer Baltique, sont sûrement très utiles aux pays qui produisent ces denrées. Elles sont une partie du produit superflu de ces pays, et si ce superflu n'était pas annuellement échangé contre quelque chose qui y est en demande, il n'aurait plus aucune valeur, et cesserait bientôt d'être produit. Les marchands qui l'exportent remplacent les capitaux des gens qui le produisent, et par là les encouragent à continuer cette production, et les manufacturiers anglais remplacent les capitaux de ces marchands.

Il peut se faire souvent qu'un pays soit, comme le serait un particulier, dans le cas de manquer d'un capital suffisant pour cultiver et améliorer toutes ses terres, manufacturer et préparer tout leur produit brut, tel que l'exigent l'usage et la consommation, et enfin transporter le superflu des deux produits brut et manufacturé, à des marchés éloignés où on puisse l'échanger contre quelque chose qui soit en demande dans le pays. Il y a beaucoup d'endroits dans la Grande-Bretagne, où les habitants n'ont pas de capitaux suffisants pour cultiver et améliorer leurs terres.

La laine des provinces du midi de l'Écosse vient,
en grande partie, faire un long voyage par terre
dans de fort mauvaises routes, pour être manufacturée dans le comté d'York, faute de capital
pour être manufacturée sur les lieux. Il y a en
Angleterre plusieurs petites villes de fabriques,
dont les habitants manquent de capitaux suffisants pour transporter le produit de leur propre
industrie à ces marchés éloignés où il trouve des
demandes et des consommateurs. Si on y voit
quelques marchands, ce ne sont probablement
que les agents de marchands plus riches qui ré-
sident dans quelques-unes des grandes villes
commerçantes.

Quand le capital d'un pays ne peut suffire à
remplir en entier ces trois fonctions, plus sera
grande la portion qui en sera employée à l'agriculture, et plus sera grande à proportion la
quantité de travail productif qu'il mettra en activité dans le pays, plus sera grande pareillement
la valeur que son emploi ajoute au produit annuel des terres et du travail de la société. Après
l'agriculture, ce sera le capital employé en manufactures qui mettra en activité la plus grande
quantité de travail productif, et qui ajoutera la
plus grande valeur au produit annuel. Le capital employé au commerce d'exportation est celui
des trois qui produit le moins d'effet.

Il est vrai que le pays qui n'a pas un capital
suffisant pour remplir en entier ces trois fonc-

tions n'est pas encore parvenu au degré d'opulence auquel il semble être naturellement destiné. Cependant, essayer, par des efforts
prématurés et avec un capital insuffisant, de les
remplir toutes les trois, certainement, pour une
société comme pour un individu, ce ne serait
pas la voie la plus courte d'en acquérir un qui
fût suffisant. Le capital de tous les individus
d'une nation a ses limites comme celui d'un seul
de ces individus, et ses opérations ont aussi leurs
bornes. Le capital de tous les individus d'une
nation se grossit, de la même manière que celui
d'un seul individu, de ce qu'ils accumulent sans
cesse, et de ce qu'ils y ajoutent par les épargnes
faites sur leurs revenus. Il sera donc probablement dans le cas de grossir plus vite que jamais, s'il est employé de manière à fournir le
plus gros revenu à tous les habitants du pays,
puisque par là il les mettra à même de faire les
plus grandes épargnes. Or, le revenu de tous les
habitants du pays est nécessairement en raison
de la valeur du produit annuel des terres et du
travail.

Le capital qui est employé à acheter des marchandises étrangères, pour la consommation
intérieure, quand l'achat se fait avec le produit
de l'industrie nationale, remplace aussi, par
chaque industrie de ce genre, deux capitaux
distincts, mais dont un seulement est employé
à soutenir l'industrie nationale. Le capital qui
envoie en Portugal des marchandises anglaises

et qui rapporte en Angleterre des marchandises portugaises ne remplace, dans chacune des opérations qu'il fait, qu'un seul capital anglais; l'autre est un capital portugais. Ainsi, quand même les retours du commerce étranger de consommation seraient aussi prompts que ceux du commerce intérieur, encore le capital employé dans celui-là ne donnerait-il que moitié d'encouragement à l'industrie ou au travail productif du pays.

Mais il est très rare que les retours du commerce étranger de consommation soient aussi prompts que ceux du commerce intérieur. Les retours du commerce intérieur ont lieu en général avant l'année révolue, et quelquefois trois ou quatre fois dans l'année. Ceux du commerce étranger de consommation rentrent rarement avant la révolution de l'année, et quelquefois pas avant un terme de deux ou trois ans. Ainsi, un capital employé dans le commerce intérieur pourra quelquefois consommer douze opérations, ou sortir et rentrer douze fois avant qu'un capital placé dans le commerce étranger de consommation en ait pu consommer une seule. En supposant donc des capitaux égaux, l'un donnera vingt-quatre fois plus que l'autre de soutien et d'encouragement à l'industrie du pays.

Les marchandises étrangères destinées à la consommation intérieure peuvent s'acheter quelquefois, non avec le produit de l'industrie nationale, mais avec quelques autres marchandises

étrangères. Néanmoins il faut toujours que ces
dernières aient été achetées, soit immédiatement
avec le produit de l'industrie nationale, soit
avec quelque autre chose achetée avec ce produit; car, excepté la voie de la guerre et de la
conquête, il n'y a pas d'autre moyen d'acquérir
des marchandises étrangères qu'en les échangeant contre quelque chose qu'on a produit chez
soi, soit par un échange immédiat, soit après
deux échanges différents, ou davantage. Par
conséquent, un capital employé à faire, par un
tel circuit, le commerce étranger de consommation, produira à tous égards les mêmes effets
qu'un capital employé à faire le même genre de
commerce par la voie la plus directe, excepté
que chaque retour final sera vraisemblablement
beaucoup plus éloigné encore, attendu qu'il
dépend lui-même des retours de deux ou trois
commerces étrangers distincts. Si l'on achète le
chanvre et le lin de Riga avec du tabac de Virginie, qui a été lui-même acheté avec des marchandises de fabrique anglaise, il faut que le
marchand attende jusque après les retours de
deux commerces étrangers distincts, afin de pouvoir recommencer à employer le même capital
en achats d'une pareille quantité de marchandises de fabrique anglaise. Si l'on avait acheté
ce tabac de Virginie, non avec des marchandises
de fabrique anglaise, mais avec du sucre et du
rhum de la Jamaïque, qui auraient été achetés
avec celles-ci, il faudrait attendre alors les re-

tours de trois commerces étrangers. S'il arrivait
que ces deux ou trois commerces étrangers distincts fussent faits par deux ou trois marchands
différents, dont le second achetât la marchandise importée par le premier, et le troisième
celle importée par le second, pour la réexporter
ensuite; dans ce cas, à la vérité, chacun de ces
marchands recevrait plus vite les retours de son
propre capital; mais le retour final de tout le
capital employé à consommer l'opération de ce
commerce n'en serait toujours pas moins lent.
Que le capital employé à parcourir ce circuit de
commerce étranger appartienne à un seul marchand ou à trois, cela ne fait pas la moindre
différence quant au pays, quoique cela en puisse
faire une quant à chaque marchand particulier.
Dans tous les cas, il faudra toujours, pour consommer l'échange d'une certaine valeur de
marchandises de fabrique anglaise contre une
certaine quantité de lin et de chanvre, employer
un capital trois fois plus grand qu'il n'eût été
nécessaire, si les marchandises de fabrique d'une
part, et le chanvre et le lin de l'autre, eussent
été directement échangés ensemble.

Par conséquent, la masse de capital employé
à faire ainsi par circuit le commerce étranger
de consommation donnera, en général, moins
de soutien et d'encouragement au travail productif du pays, qu'un même capital employé à
un commerce du même genre, mais plus direct.

Quelle que soit la nature des marchandises

étrangères avec lesquelles on achète à l'étranger des choses destinées à la consommation intérieure, il n'en peut résulter aucune différence essentielle, soit dans la nature de ce commerce, soit dans l'appui et l'encouragement qu'il peut donner au travail productif du pays dans lequel se fait ce commerce. Qu'on les achète, par exemple, avec l'or du Brésil ou avec l'argent du Pérou, il faut toujours que cet or ou cet argent ait été acheté, tout comme le tabac de Virginie, avec quelque chose qui soit ou produit par l'industrie du pays, ou acheté avec quelque autre chose produite par elle. Par conséquent, sous le rapport de l'intérêt du travail productif de la société, le commerce étranger de consommation, qui se fait par le moyen de l'or et de l'argent, a tous les avantages et désavantages de tout autre commerce étranger de consommation qui ferait un égal circuit, et il remplacera tout aussi vite ou tout aussi lentement le capital qui sert immédiatement à soutenir ce travail productif. Il paraîtrait même avoir un avantage sur tout autre commerce de ce genre également indirect. Le transport de ces métaux d'un lieu à un autre, vu leur grande valeur, en raison de la petitesse de leur volume, est moins coûteux que celui de presque toute autre espèce de marchandise étrangère de valeur égale. Le fret est beaucoup moindre et l'assurance n'est pas plus forte. Ainsi, par l'intermédiaire de l'or et de l'argent, on pourra souvent acheter une même quantité de marchandises étrangères avec une moindre quantité du produit de l'industrie nationale, qu'on ne le pourrait par l'entremise de toute autre marchandise étrangère. De cette manière, on remplira souvent la demande du pays, plus complètement et à moins de frais que de tout autre. Savoir ensuite si par l'exportation continuelle de ces métaux un commerce de ce genre peut tendre, sous quelque autre rapport, à appauvrir le pays dans lequel il se fait, c'est ce que j'aurai occasion d'examiner fort au long dans la suite.

Cette portion du capital d'un pays, qui est employée au commerce de transport, est tout à fait enlevée au soutien du travail productif de ce pays, pour soutenir celui de quelques pays étrangers. Quoique par chacune de ces opérations il remplace deux capitaux distincts, aucun de ces capitaux ne fait partie du capital national. Le capital d'un négociant hollandais qui transporte en Portugal du blé de Pologne, et rapporte en Pologne des fruits et des vins de Portugal, remplace, à chaque opération qu'il fait, deux capitaux, dont aucun n'a servi à soutenir le travail productif de la Hollande, mais dont l'un a soutenu le travail productif de la Pologne, et l'autre celui du Portugal. Il n'y a que les profits qui rentrent régulièrement en Hollande, et ils constituent tout ce que ce commerce ajoute nécessairement au produit annuel des terres et du travail de ce pays. A la vérité, quand le com-

merce de transport que fait une nation se fait
avec des bâtiments et des matelots nationaux,
alors, dans le capital employé à ce commerce,
la portion qui sert à payer le fret se distribue
entre un certain nombre d'ouvriers productifs
de ce pays, et les met en activité. Dans le fait,
presque toutes les nations qui ont pris une part
considérable au commerce de transport l'ont
fait de cette manière. C'est probablement de là
que ce commerce lui-même a pris son nom, les
gens de ce pays étant réellement les voituriers
des autres nations. Avec cela, il ne paraît pas
essentiel à la nature de ce commerce qu'il se
fasse ainsi. Un négociant hollandais, par exemple,
peut employer son capital à des opérations de
commerce entre la Pologne et le Portugal, en
transportant une partie du superflu de l'un de
ces pays à l'autre dans des vaisseaux anglais et
non hollandais. Il est à présumer qu'il opère
ainsi dans quelques circonstances. C'est pourtant sous ce point de vue qu'on a supposé que
le commerce de transport était particulièrement
avantageux à un pays tel que la Grande-Bretagne, dont la défense et la sûreté dépendent
du nombre de ses matelots et de l'étendue de sa
marine. Mais le même capital peut employer
tout autant de bâtiments et de matelots, s'il est
placé dans le commerce étranger de consommation, ou même dans le commerce intérieur par
cabotage, que s'il était placé dans le commerce
de transport. Le nombre de vaisseaux et de ma-

telots qu'un capital peut employer ne dépend
pas de la nature du commerce dans lequel est
placé ce capital, mais il dépend en partie du
volume des marchandises en proportion de leur
valeur, et en partie de la distance qui se trouve
entre les deux ports où elles sont transportées ;
et il dépend principalement de la première de
ces deux circonstances. Le commerce de charbon, par exemple, qui se fait de Newcastle à
Londres, emploie plus de bâtiments et de matelots que tout le commerce de transport de
l'Angleterre, quoique ces deux ports ne soient
pas très éloignés l'un de l'autre. Ce ne serait
donc pas toujours un moyen assuré d'augmenter la marine d'un pays, que de forcer par des
encouragements extraordinaires les capitaux à
se porter dans le commerce de transport en plus
grande quantité qu'ils ne s'y porteraient naturellement.

Ainsi, le capital qui sera employé dans le commerce intérieur d'un pays donnera, en général,
de l'appui et de l'encouragement à une plus
grande quantité de travail productif dans ce
pays, et augmentera plus la valeur de son produit annuel que ne le fera un pareil capital
employé au commerce étranger de consommation ; et le capital qui sera employé dans ce
dernier genre de commerce aura, sous ces deux
rapports, encore un bien plus grand avantage
sur le capital employé au commerce de transport. La richesse publique d'un pays et même

sa puissance, en tant que la puissance peut dépendre de la richesse, doit toujours être en raison de la valeur de son produit annuel, qui est
la source où se puisent, en définitive, tous les
impôts. Or, le grand objet que se propose partout l'économie politique, c'est d'augmenter la
richesse et la puissance du pays. Elle ne doit
donc accorder aucune préférence au commerce
étranger de consommation sur le commerce intérieur, ni au commerce de transport sur aucun
des deux autres; elle ne doit pas encourager
l'un de ces commerces plus que l'autre; elle ne
doit pas chercher, par des appâts ou par des
contraintes, à attirer dans l'un ou l'autre de ces
deux canaux une plus grande quantité du capital du pays, que celle qui s'y jetterait d'elle-
même dans le cours naturel des choses.

Toutefois, chacune de ces différentes branches
de commerce est non seulement avantageuse,
mais elle est même nécessaire et indispensable,
quand elle est naturellement amenée par le cours
des choses, sans gêne et sans contrainte.

Quand le produit d'une branche particulière
d'industrie excède ce qu'exige la demande du
pays, il faut bien qu'on envoie le surplus à l'é-
tranger pour l'échanger contre quelque chose
qui soit demandé dans l'intérieur. Sans cette
exportation, une partie du travail productif du
pays viendrait à cesser, et la valeur de son produit annuel diminuerait nécessairement. La terre
et le travail de la Grande-Bretagne produisent

naturellement plus de blé, de lainages et de
quincailleries que n'en exige la demande du
marché intérieur. Il faut donc exporter le surplus et l'échanger contre quelque chose dont il
y ait demande dans le pays. Ce n'est que par le
moyen de cette exportation que ce surplus
pourra acquérir une valeur suffisante pour compenser le travail et la dépense qu'il en coûte
pour le produire. Le voisinage des côtes de la
mer et les bords des rivières navigables ne sont
des situations avantageuses pour l'industrie que
par la seule raison qu'elles facilitent les moyens
d'exporter et d'échanger des produits superflus
contre quelque chose qui est plus demandé
dans le pays.

Le seul motif qui détermine le possesseur d'un
capital à l'employer plutôt dans l'agriculture, ou
dans les manufactures, ou dans quelque branche
particulière de commerce de gros ou de détail,
c'est la vue de son propre profit. Il n'entre jamais
dans sa pensée de calculer combien chacun de ces
différents genres d'emploi mettra de travail productif en activité, ou ajoutera de valeur au produit annuel des terres et du travail de son pays.
Ainsi, dans le pays où l'agriculture est le plus
profitable de tous les emplois, et où la route la
plus sûre pour aller à une brillante fortune est
de faire valoir et d'améliorer des terres, les capitaux des particuliers seront tout naturellement
employés de la manière qui se trouvera en même
temps la plus avantageuse à la société en géné-

ral. Toutefois, il ne paraît pas qu'en aucun endroit de l'Europe les profits de l'agriculture aient
aucune supériorité sur ceux des autres emplois
de capitaux. A la vérité, depuis quelques années,
il a paru dans tous les coins de l'Europe des
spéculateurs qui ont amusé le public par des
calculs magnifiques sur les profits à faire dans
la culture et l'amélioration des terres. Sans entrer dans aucune discussion particulière sur leurs
calculs, il ne faut qu'une observation bien simple
pour nous montrer la fausseté de leurs conclusions. Tous les jours nous voyons les fortunes les
plus brillantes acquises dans le cours de la vie
d'une seule personne, par le moyen du commerce
et des manufactures, après avoir commencé souvent par un très faible capital, et quelquefois
même sans aucun capital. Une pareille fortune
acquise par l'agriculture dans le même temps et
avec aussi peu de capital est un phénomène dont
l'Europe n'offrirait peut-être pas un seul exemple
dans tout le cours du siècle. Cependant, dans
tous les grands pays de l'Europe, il y a encore
beaucoup de bonne terre qui reste inculte, et la
majeure partie de celle qui est cultivée est encore
bien loin d'être portée au degré d'amélioration
dont elle est susceptible. Ainsi, presque partout
l'agriculture est en état d'absorber un capital
beaucoup plus grand que ce qui y a encore été
employé jusqu'à présent.

LIVRE III

DE LA MARCHE DIFFÉRENTE DES PROGRÈS DE L'OPULENCE CHEZ DIFFÉRENTES NATIONS.

———

I

DU COURS NATUREL DES PROGRÈS DE L'OPULENCE.

Le grand commerce de toute société civilisée est celui qui s'établit entre les habitants de la ville et ceux de la campagne.

Il consiste dans l'échange du produit brut contre le produit manufacturé, échange qui se fait soit immédiatement, soit par l'intervention de l'argent ou de quelque espèce de papier qui représente l'argent. La campagne fournit à la ville des moyens de subsistance et des matières pour ses manufactures. La ville rembourse ces avances en renvoyant aux habitants de la campagne une partie du produit manufacturé. La

ville, dans laquelle il n'y a ni ne peut y avoir
aucune production de subsistances, gagne, à
proprement parler, toute sa subsistance et ses
richesses sur la campagne. Il ne faut pourtant
pas s'imaginer pour cela que la ville fasse ce gain
aux dépens de la campagne. Les gains sont réci-
proques pour l'une et pour l'autre, et en ceci,
comme en toute autre chose, la division du travail tourne à l'avantage de chacune des différentes personnes employées aux tâches particulières dans lesquelles le travail se subdivise. Les
habitants de la campagne achètent de la ville une
plus grande quantité de denrées manufacturées
avec le produit d'une bien moindre quantité de
leur propre travail qu'ils n'auraient été obligés
d'en employer s'ils avaient essayé de les préparer eux-mêmes. La ville fournit un marché au
surplus du produit de la campagne, c'est-à-dire
à ce qui excède la subsistance des cultivateurs, et
c'est là que les habitants de la campagne échangent ce surplus contre quelque autre chose qui
est en demande chez eux. Plus les habitants de
la ville sont nombreux et plus ils ont de revenu,
plus est étendu le marché qu'ils fournissent à
ceux de la campagne; et plus ce marché est
étendu, plus il est toujours avantageux pour le
grand nombre. Le blé qui croît à un mille de la
ville s'y vend au même prix que celui qui vient
d'une distance de vingt milles. Or le prix de
celui-ci, en général, doit non seulement payer la
dépense de le faire croître et de l'amener au

marché, mais rapporter encore au fermier les
profits ordinaires de la culture. Ainsi, les propriétaires et cultivateurs qui demeurent dans le
voisinage de la ville gagnent, dans le prix de ce
qu'ils vendent, outre les profits ordinaires de la
culture, toute la valeur du transport du produit qui est apporté d'endroits plus éloignés,
et ils épargnent de plus toute la valeur d'un pareil transport sur le prix de ce qu'ils achètent.
Comparez la culture des terres situées dans le
voisinage d'une ville considérable, avec celle des
terres qui en sont à quelque distance, et vous
pourrez aisément vous convaincre combien la
campagne tire d'avantage de son commerce avec
la ville. Parmi toutes les absurdités de cette
théorie qu'on a imaginée sur la balance du
commerce, on ne s'est jamais avisé de préten-
dre, ou que la campagne perd dans son commerce avec la ville, ou que la ville perd par son
commerce avec la campagne qui la fait subsister.

La subsistance étant, dans la nature des choses, un besoin antérieur à ceux de commodité
et de luxe, l'industrie qui fournit au premier de
ces besoins doit nécessairement précéder celle qui
s'occupe de satisfaire les autres. Par conséquent,
la culture et l'amélioration de la campagne, qui
fournit la subsistance, doivent nécessairement
être antérieures aux progrès de la ville, qui ne
fournit que les choses de luxe et de commodité.
C'est seulement le surplus du produit de la cam-

pagne, c'est-à-dire l'excédent de la subsistance
des cultivateurs, qui constitue la subsistance de
la ville, laquelle, par conséquent, ne peut se
peupler qu'autant que ce surplus de produit vient
à grossir. A la vérité, il se peut bien que la ville
ne tire pas toujours la totalité de ses subsistances
de la campagne qui l'avoisine, ni même du territoire auquel elle appartient, mais qu'elle les
tire de campagnes fort éloignées ; et cette circonstance, sans faire exception à la règle générale, a néanmoins fait varier considérablement,
chez différents peuples et dans différents siècles,
la marche des progrès de l'opulence.

Cet ordre de choses, qui est en général établi
par la nécessité, quoique certains pays puissent
faire exception, se trouve, en tout pays, fortifié
par le penchant naturel de l'homme. Si ce penchant naturel n'eût jamais été contrarié par les
institutions humaines, nulle part les villes ne se
seraient accrues au delà de la population que
pouvait soutenir l'état de culture et d'amélioration du territoire dans lequel elles étaient situées,
au moins jusqu'à ce que la totalité de ce territoire
eût été pleinement cultivée et améliorée. A égalité de profits, ou à peu de différence près, la
plupart des hommes préféreront employer leurs
capitaux à la culture et à l'amélioration de la
terre, plutôt que de les placer dans des manufactures ou dans le commerce étranger. Une personne qui fait valoir son capital sur une terre
l'a bien plus sous les yeux et à son commande-

ment, et sa fortune est bien moins exposée aux
accidents que celle du commerçant; celui-ci est
souvent obligé de confier la sienne, non seulement aux vents et aux flots, mais à des éléments
encore plus perfides, la folie et l'injustice des
hommes, quand il accorde de grands crédits,
dans des pays éloignés, à des personnes dont il
ne peut guère bien connaître la situation ni le
caractère. Au contraire, le capital qu'un propriétaire a fixé, par des améliorations, au, sol
même de sa terre, paraît être aussi assuré que
peut le comporter la nature des-choses humaines. D'ailleurs, la beauté de la campagne, les
plaisirs de la vie champêtre, la tranquillité d'esprit dont on espère y jouir, et l'état d'indépen-
dance qu'elle procure réellement, partout où
l'injustice des lois ne vient pas s'y opposer, sont
autant de charmes plus ou moins séduisants pour
tout le monde; et comme la destination de
l'homme, à son origine, fut de cultiver la terre,
il semble conserver dans toutes les périodes de sa
vie une prédilection pour cette occupation primitive de son espèce.

A la vérité, la culture de la terre, à moins
d'entraîner avec soi beaucoup d'incommodités et
de continuelles interruptions, ne saurait guère
se passer de l'aide de quelques artisans. Les forgerons, les charpentiers, les faiseurs de charrues
et de voitures, les maçons et briquetiers, les
tanneurs, les cordonniers et les tailleurs, sont
tous gens aux services desquels le fermier a sou-

vent recours. Ces artisans ont aussi, de temps
en temps, besoin les uns des autres ; et leur résidence n'étant pas nécessairement attachée,
comme celle du fermier, à tel coin de terre plutôt qu'à l'autre, ils s'établissent naturellement
dans le voisinage les uns des autres, et forment
ainsi une petite ville ou un village. Le boucher,
le brasseur et le boulanger viennent bientôt s'y
réunir, avec beaucoup d'autres artisans et de
détaillants nécessaires ou utiles pour leurs besoins journaliers, et qui contribuent encore d'autant à grossir la ville. Les habitants de la ville
et ceux de la campagne sont réciproquement les
serviteurs les uns des autres. La ville est une
foire ou marché continuel où se rendent les
habitants de la campagne pour échanger leur
produit brut contre du produit manufacturé.
C'est ce commerce qui fournit aux habitants de
la ville et les matières de leur travail, et les
moyens de leur subsistance. La quantité d'ouvrage fait qu'ils vendent aux habitants de la
campagne détermine nécessairement la quantité
de matières et de vivres qu'ils achètent. Ainsi,
ni leur occupation ni leur subsistance ne peuvent
se multiplier qn'en raison de la demande que fait
la campagne d'ouvrage fait, et cette demande ne
peut elle-même se multiplier qu'en raison de
l'extension et de l'amélioration de la culture. Si
les institutions humaines n'eussent jamais trou-
blé le cours naturel des choses, les progrès des
villes en richesses et en population auraient donc,

dans toute société politique, marché à la suite et
en proportion de la culture et de l'amélioration
de la campagne ou du territoire environnant.

Dans nos colonies de l'Amérique septentrionale, où l'on peut encore se procurer des terres à
cultiver à des conditions faciles, il ne s'est jusqu'ici établi, dans aucune de leurs villes, de manufactures pour la vente au loin. Dans ce pays,
quand un artisan a amassé un peu plus de fonds
qu'il ne lui en faut pour faire aller le commerce
avec les gens de la campagne voisine, en fourni-
tures de son métier, il ne cherche pas à monter,
avec ce capital, une fabrique pour étendre sa
vente plus au loin, mais il l'emploie à acheter de
la terre inculte et à la mettre en valeur. D'artisan il devient planteur; ni le haut prix des salaires, ni les moyens que le pays offre aux artisans de se procurer de l'aisance, ne peuvent le
décider à travailler pour autrui plutôt que pour
lui-même. Il sent qu'un artisan est le serviteur
des maîtres qui le font vivre, mais qu'un colon
qui cultive sa propre terre, et qui trouve dans le
travail de sa famille de quoi satisfaire aux premiers besoins de la vie, est vraiment son maître
et vit indépendant du monde entier.

Au contraire, dans les pays où il n'y a pas de
terres incultes, ou du moins qu'on puisse se
procurer à des conditions faciles, tout artisan
qui a amassé plus de fonds qu'il ne saurait en
employer dans les affaires qui peuvent se présenter aux environs cherche à créer des produits

propres à être vendus sur un marché plus éloigné. Le forgeron élève une fabrique de fer; le tisserand se fait manufacturier en toiles ou en lainages. Avec le temps, ces différentes manufactures viennent à se subdiviser par degrés, et par ce moyen elles se perfectionnent de mille manières dont on peut aisément se faire idée, et qu'il est conséquemment inutile d'expliquer davantage.

Quand on cherche à employer un capital, on préfère naturellement, à égalité de profit ou à peu près, les manufactures au commerce étranger, par la même raison qu'on préfère naturellement l'agriculture aux manufactures; si le capital du propriétaire ou du fermier est plus assuré que celui du manufacturier, le capital du manufacturier, qui est toujours sous ses yeux et à son commandement, est aussi plus assuré que celui d'un marchand qui fait le commerce étranger. A la vérité, dans quelque *période* que soit une société, il faut toujours que le surplus de ses produits bruts et manufacturés, ou ce qui n'est point en demande chez elle, soit envoyé au dehors pour y être échangé contre quelque chose dont il y ait demande au dedans. Mais il importe fort peu pour cela que le capital qui envoie à l'étranger ce produit superflu soit un capital étranger ou un capital national. Si la société n'a pas encore acquis un capital suffisant pour cultiver toutes ses terres et aussi pour manufacturer le plus complètement possible tout son produit brut, il y a même pour elle un avantage considérable à ce que son superflu soit exporté par un capital étranger, afin que tout le capital de la société soit réservé pour les emplois les plus utiles. La richesse de l'ancienne Égypte, celle de la Chine et de l'Indostan suffisent pour démontrer qu'une nation peut parvenir à un très haut degré d'opulence, quoique la plus grande partie de son exportation se fasse par des étrangers. Si nos colonies de l'Amérique septentrionale et des Indes occidentales n'avaient eu d'autre capital que celui qui leur appartenait pour exporter le surplus de leurs produits, leurs progrès eussent été bien moins rapides.

Ainsi, suivant le cours naturel des choses, la majeure partie du capital d'une société naissante se dirige d'abord vers l'agriculture, ensuite vers les manufactures, et en dernier lieu vers le commerce étranger. Cet ordre de choses est si naturel, que dans toute société qui a quelque territoire, il a toujours, à ce que je crois, été observé à un certain point. On y a toujours cultivé des terres avant qu'aucunes villes considérables y aient été établies, et on a élevé dans ces villes quelque espèce de fabriques grossières avant qu'on ait pensé sérieusement à faire par soi-même le commerce étranger.

Mais quoique cet ordre naturel de choses ait eu lieu jusqu'à un certain point en toute société possédant un territoire, cependant il a été tout à fait interverti, à beaucoup d'égards, dans tous les États modernes de l'Europe. C'est le commerce étranger de quelques-unes de leurs grandes villes qui a introduit toutes leurs plus belles fabriques ou celles dont les produits sont destinés à être vendus au loin, et ce sont à la fois les manufactures et le commerce étranger qui ont donné naissance aux principales améliorations de la culture des terres. Les mœurs et usages qu'avait introduits chez ces peuples la nature de leur gouvernement originaire, et qu'ils conservèrent encore après que ce gouvernement eut éprouvé de grands changements, furent la cause qui les mit dans la nécessité de suivre cette marche rétrograde et contraire à l'ordre naturel.

Le livre IV est consacré à l'examen des divers systèmes d'économie politique. Voici la conclusion de l'auteur :

Tout système qui cherche, ou par des encouragements extraordinaires, à attirer vers une espèce particulière d'industrie une plus forte portion du capital de la société que celle qui s'y porterait naturellement, ou, par des entraves extraordinaires, à détourner par force une partie de ce capital d'une espèce particulière d'industrie vers laquelle elle irait sans cela chercher un emploi, est un système réellement subversif de l'objet même qu'il se propose comme son principal et dernier terme. Bien loin de les ac-

célérer, il retarde les progrès de la société vers
l'opulence et l'agrandissement réels ; bien loin
de l'accroître, il diminue la valeur réelle du produit annuel des terres et du travail de cette société.

Ainsi, en écartant entièrement tous ces systèmes ou de préférence ou d'entraves, le système
simple et facile de la liberté naturelle vient se
présenter de lui-même et se trouve tout établi.
Tout homme, tant qu'il n'enfreint pas les lois de
la justice, demeure en pleine liberté de suivre la
route que lui montre son intérêt, et de porter
où il lui plaît son industrie et son capital, con-
curremment avec ceux de toute autre classe
d'hommes. Le souverain se trouve entièrement
débarrassé d'une charge qu'il ne pourrait essayer
de remplir sans s'exposer infailliblement à se
voir sans cesse trompé de mille manières, et
pour l'accomplissement convenable de laquelle
il n'y a aucune sagesse ni connaissance humaine
qui puissent suffire, la charge d'être le surin-
tendant de l'industrie des particuliers, de la diriger vers les emplois les plus conformes à l'intérêt général de la société.

Nous n'empruntons au cinquième
livre que les considérations suivantes
sur les impôts.

Avant d'entrer dans l'examen de ces impôts en
particulier, il est nécessaire de faire précéder la

discussion par les quatre maximes suivantes sur les impôts en général :

Première maxime. — Les sujets d'un État doivent contribuer au soutien du gouvernement, chacun le plus possible en proportion de ses facultés, c'est-à-dire en proportion du revenu dont il jouit sous la protection de l'État.

La dépense du gouvernement est, à l'égard des individus d'une grande nation, comme les frais de régie sont à l'égard des copropriétaires d'un grand domaine, qui sont obligés de contribuer tous à ces frais en proportion de l'intérêt qu'ils ont respectivement dans ce domaine. Observer cette maxime ou s'en écarter, constitue ce qu'on nomme *égalité* ou *inégalité* dans la répartition de l'impôt. Qu'il soit, une fois pour toutes, observé que tout impôt qui tombe en définitive sur une des trois sortes de revenus seulement est nécessairement inégal, en tant qu'il n'affecte pas les deux autres. Dans l'examen suivant des différentes sortes d'impôts, je ne reviendrai guère davantage sur cette espèce d'inégalité ; mais je bornerai le plus souvent mes observations à cette autre espèce d'inégalité qui provient de ce qu'un impôt tombe d'une manière inégale même sur le genre particulier de revenu sur lequel il porte.

Deuxième maxime. — La taxe ou portion d'impôt que chaque individu est tenu de payer doit être certaine, et non arbitraire.

L'époque du payement, le mode du payement,

la somme à payer, tout cela doit être clair et
précis, tant pour le contribuable qu'aux yeux
de toute autre personne. Quand il en est autrement, toute personne sujette à l'impôt est plus
ou moins mise à la discrétion du percepteur,
qui peut alors ou aggraver la taxe par animo-
sité contre le contribuable, ou bien, à la faveur
de la crainte qu'a celui-ci d'être ainsi surchargé,
extorquer quelque présent ou quelque gratifica-
tion. L'incertitude dans la taxation autorise l'in-
solence et favorise la corruption d'une classe de
gens qui est naturellement odieuse au peuple,
même quand elle n'est ni insolente ni corrom-
pue. La certitude de ce que chaque individu a à
payer est, en matière d'imposition, une chose
d'une telle importance, qu'un degré d'inégalité
très considérable, à ce qu'on peut voir, je crois,
par l'expérience de toutes les nations, n'est pas,
à beaucoup près, un aussi grand mal qu'un très
petit degré d'incertitude.

Troisième maxime. — Tout impôt doit être
perçu à l'époque et selon le mode que l'on peut
présumer les moins gênants pour le contribuable.

Un impôt sur la rente des terres ou le loyer
des maisons, payable au même terme auquel se
payent pour l'ordinaire ces rentes ou loyers, est
perçu à l'époque à laquelle il est à présumer
que le contribuable peut plus commodément l'acquitter, ou quand il est le plus vraisemblable
qu'il a de quoi le payer. Tout impôt sur les

choses consommables, qui sont des articles de
luxe, est payé en définitive par le consommateur, suivant un mode de payement très commode pour lui. Il paye l'impôt petit à petit, à
mesure qu'il a besoin d'acheter ces objets de
consommation. Et puis, comme il est le maître
d'acheter ou de ne pas acheter ainsi qu'il le juge
à propos, ce sera nécessairement sa faute s'il
éprouve jamais quelque gêne considérable d'un
pareil impôt.

Quatrième maxime. — Tout impôt doit être
conçu de manière à ce qu'il fasse sortir des
mains du peuple le moins d'argent possible au
delà de ce qui entre dans le Trésor de l'État, et
en même temps à ce qu'il tienne le moins longtemps possible cet argent hors des mains du
peuple avant d'entrer dans ce Trésor.

Un impôt peut ou faire sortir des mains du
peuple plus d'argent que ne l'exigent les besoins
du Trésor public, ou tenir cet argent hors de ses
mains plus longtemps que ces mêmes besoins
ne l'exigent, de quatre manières, savoir : — 1° la
perception de l'impôt peut nécessiter l'emploi
d'un grand nombre d'officiers dont les salaires
absorbent la plus grande partie du produit de
l'impôt, et dont les concussions personnelles établissent un autre impôt additionnel sur le peuple; — 2° l'impôt peut entraver l'industrie du
peuple et le détourner de s'adonner à de certaines branches de commerce ou de travail qui
fourniraient de l'occupation et des moyens de

subsistance à beaucoup de monde. Ainsi, tandis que d'un côté il oblige le peuple à payer, de l'autre il diminue ou peut-être anéantit quelques-unes des sources qui pourraient le mettre plus aisément dans le cas de le faire; — 3° par les confiscations, amendes et autres peines qu'encourent ces malheureux qui succombent dans les tentatives qu'ils ont faites pour éluder l'impôt, il peut souvent les ruiner et par là anéantir le bénéfice qu'eût recueilli la société de l'emploi de leurs capitaux. Un impôt inconsidérément établi offre un puissant appât à la fraude. Or il faut accroître les peines de la fraude à proportion qu'augmente la tentation de frauder. La loi, violant alors les premiers principes de la justice, commence par faire naître la tentation, et punit ensuite ceux qui y succombent; et ordinairement, elle enchérit aussi sur le châtiment, à proportion qu'augmente la circonstance même qui devrait le rendre plus doux, c'est-à-dire la tentation de commettre le crime; — 4° l'impôt, en assujettissant le peuple aux visites réitérées et aux recherches odieuses des percepteurs, peut l'exposer à beaucoup de peines inutiles, de vexations et d'oppressions; et quoique, rigoureusement parlant, les vexations ne soient pas une dépense, elles équivalent certainement à la dépense au prix de laquelle un homme consentirait volontiers à s'en racheter.

C'est de l'une ou de l'autre de ces quatre manières différentes que les impôts sont souvent onéreux au peuple, dans une proportion infiniment plus forte qu'ils ne sont profitables au souverain.

La justice et l'utilité évidente des quatre maximes précédentes ont fait que toutes les nations y ont eu plus ou moins égard. Toutes les nations ont fait de leur mieux pour chercher à rendre leurs impôts aussi également répartis, aussi certains, aussi commodes pour le contribuable, quant à l'époque et au mode de payement, et en proportion du revenu qu'ils rendaient au prince, aussi peu lourds pour le peuple qu'elles ont pu l'imaginer.

FIN.

BIBLIOGRAPHIE

La *Théorie des sentiments moraux* a été publiée pour la première fois en 1759. L'auteur en a revu six éditions.

Les *Recherches sur la nature et les causes de la richesse des nations* ont été publiées pour la première fois en 1775 et 1776 en 2 volumes in-4°. L'auteur en a revu quatre éditions.

Entre les nombreuses éditions postérieures, on cite trois éditions annotées : celle de Buchanam (1817), celle de Macculloch (1828) et celle de Gibbon Wackefield.

La seconde édition de la *Théorie des sentiments moraux* était accompagnée de *Considérations sur l'origine et la formation des langues*.

On cite un article de la *Revue d'Édinbourg*, à la fondation de laquelle Adam Smith avait contribué, publié en 1755 sur le dictionnaire de Johnson et l'état de la littérature en Europe.

Joseph Black et James Hutton ont publié, en 1797, sous le titre d'*Essais* ou articles *sur divers sujets*, six études importantes d'Adam Smith.

Enfin on cite une édition des *Œuvres complètes* d'Adam Smith, publiée à Édinbourg, en 1817, en cinq volumes.

Les ouvrages d'Adam Smith ont été traduits dans presque toutes, peut-être dans toutes les langues européennes. Nous ne parlerons que des traductions françaises.

La *Théorie des sentiments moraux* a été traduite trois fois. La première, par un anonyme, sous le titre de *Métaphysique de l'âme* (1766); la seconde par l'abbé Blavet (1774), la troisième par la marquise de Condorcet, née Grouchy (1798).

Les *Recherches sur la nature et les causes de la richesse des nations* ont été aussi traduites trois fois dans notre langue : la première par l'abbé Blavet (1781), la seconde par le poète Roucher (1790-1791), la troisième par le comte Germain Garnier (1802). Cette dernière a eu plusieurs éditions. Les trois dernières, publiées par Guillaumin et Cie, sont accompagnées d'une notice d'Adolphe Blanqui et de notes nombreuses.

Les *Essais* ont été traduits par P. Prévot, de Genève, l'année même de leur publication.

La vie d'Adam Smith a été écrite plusieurs fois et en premier lieu par Dugald-Stewart (1793), sous le titre d'*Éloge historique d'Adam Smith*, puis par lord Brougham dans ses biographies d'hommes de lettres du temps de Georges III.

On cite encore :

Life of Adam Smith, by J.-A. Farrar (1881) et :

Life of Adam Smith, by R.-B. Haldane, M. P. (x-161 pages in-16).

On trouve des articles sur A. Smith dans tous les dictionnaires de biographie, d'histoire et d'économie politique.

Les doctrines philosophiques et économiques d'Adam Smith ont été exposées et discutées dans un nombre d'ouvrage* tel qu'il serait bien difficile d'en dresser le catalogue. On peut dire avec vérité que personne, depuis cent ans, n'a pu écrire sur la morale ou sur l'économie politique et l'impôt, sans tenir compte des opinions de ce grand penseur pour les approuver ou les combattre en tout ou en partie.

Citons cependant la notice lue en 1846 à l'Académie des sciences morales et politiques par V. Cousin, celle de L. Lavergne, lue en 1859 à la même compagnie, l'étude de M. du Puynode (*Études sur les principaux économistes*, chap. II), l'article du *Dictionnaire des sciences philosophiques* publié par M. A. Franck, *Ad. Smith, sa personne et sa vie,* par Bagehot, publié à l'occasion du centenaire de la première édition des *Recherches* et les discours prononcés en 1867 à l'inauguration de la statue d'Adam Smith à Oxford.

TABLE ANALYTIQUE

DES

*Recherches sur la nature et les causes
de la richesse des nations*, par JOSEPH GARNIER.

INTRODUCTION ET PLAN DE L'OUVRAGE, par L AUTEUR.

LIVRE PREMIER

LIVRE III

LIVRE IV

DES SYSTÈMES D'ÉCONOMIE POLITIQUE.

LIVRE V

TABLE DES MATIÈRES

FIN DE LA TABLE.

1011-88. — CORBEIL. Imprimerie CRÉTÉ.

BN

www.ingramcontent.com/pod-product-compliance
Lightning Source LLC
Chambersburg PA
CBHW070239200326
41518CB00010B/1620